Otmar Heftrich

In Würde altern

AF567237

Otmar Heftrich

In Würde altern

Ermutigung für ein selbstbestimmtes Leben im Alter

Impressum

1. Auflage 2022
© Verlag Mainz
Alle Rechte vorbehalten
Printed in Germany

Gestaltung, Druck und Vertrieb:
Druck & Verlagshaus Mainz GmbH
Süsterfeldstraße 83
D - 52072 Aachen
www.verlag-mainz.de

Abbildungsnachweis:
https://unsplash.com/photos/yoOAmd_COUM

ISBN-10: 3-86317-059-8
ISBN-13: 978-3-86317-059-2

In Gedenken an
meine verstorbene Mutter,
die hier mit meiner
Enkeltochter zu sehen ist.

Inhalt

Einleitung

Es ist in der Natur des Menschen unweigerlich festgeschrieben, dass er über kurz oder lang älter wird. Gerade in der heutigen Zeit, in der das Generationenproblem immer größer zu werden scheint, braucht es Leitfäden für einen würdevollen Umgang miteinander und mit sich selbst. In der Politik wird dies bereits versucht: Im sechsten Bericht zur Lage der älteren Generation in der Bundesrepublik Deutschland von 2010 kommt die zuständige Kommission zu dem Urteil, dass im Umgang miteinander besonders häufig »negative Altersstereotypen« und »abwertende Einstellungen [...] über das Alter und das Altwerden« zu finden seien, die sich in durchaus »diskriminierenden Einstellungen und diskriminierendem Verhalten« bemerkbar machen würden. In den Medien deute sich glücklicherweise seit einigen Jahren »ein langsamer Wandel« der Darstellung des Alterns an, doch die Negativität der 1980er und 90er treibe noch immer mit.[1]

Das Thema »Älterwerden« wird oft genug immer noch als ein Tabu-Thema behandelt, weil wir hierbei auch mit Emotionen wie Unsicherheit, Stolz, Wehmut und Schmerz

1 Sechster Bericht zur Lage der älteren Generation in der Bundesrepublik Deutschland – Altersbilder in der Gesellschaft. Bericht der Sachverständigenkommission an das Bundesministerium für Familie, Senioren, Frauen und Jugend Berlin, im Juni 2010, in: https://www.bmfsfj.de/resource/blob/101922/b6e54a742b-2e84808af68b8947d10ad4/sechster-altenbericht-data.pdf

konfrontiert werden. Demgegenüber steht uns aber gerade in unserem letzten Lebensabschnitt die meiste Freizeit zur Verfügung, sodass es an uns selbst liegt, diese Zeit so intensiv wie möglich zu nutzen, sinnvoll zu gestalten und auch zu genießen. Voraussetzung ist allerdings, dass wir gerade in der Konfrontation mit altersbedingten Krankheiten so liebevoll wie möglich mit uns selbst umgehen, unseren Humor nicht verlieren und nicht alten Zeiten nachtrauern, in denen wir uns leistungsstärker und gesünder als heute gefühlt haben. Wollen wir gerade im Alter innere Festigkeit zeigen, dann sollten wir eine zuversichtliche Einstellung beherzigen und tief in uns hineinhören, um herauszufinden, was uns nun am Herzen liegt, welche Bedürfnisse wir verspüren oder was wir noch in die Tat umsetzen (vielleicht einen ungelebten Traum) und in unserem Leben klären und versöhnen möchten. Zudem tun wir uns etwas Gutes, wenn wir gerade im fortgeschrittenen Lebensalter geistig und körperlich aktiv bleiben, damit wir so lange wie möglich selbständig und unabhängig leben und eigene Entscheidungen treffen können. Gerade in einer Zeit, in der wir nach dem Ausscheiden aus dem Berufsleben nicht mehr wie zuvor funktionieren müssen, sodass wir den Tagesablauf selbst bestimmen, gestalten und möglichst gut für uns selbst sorgen können.

Ebenso geht es in unserem letzten Lebensabschnitt, in dem uns auch das Loslassen weiterhilft, nicht mehr darum, unseren Mitmenschen ein bestimmtes Leistungsvermögen aufzuzeigen, ein gewisses Ansehen zu erreichen oder den eigenen Besitz zu vergrößern. Tut es uns doch gut, wenn wir uns bei dem Nachlassen der eigenen Kräfte von Überflüssigem und Unnötigen trennen, damit wir die uns zur Verfügung stehende Zeit so intensiv wie möglich nutzen und somit auch offen für all die erfreulichen Momente sein können, die uns im Alter noch glücklich stimmen und uns vor unnötigem Lebensverdruss schützen können. Wichtig ist auch, dass wir in dieser Zeit dem Tag eine Struktur geben, dass wir nicht gelangweilt herumsitzen und vielleicht auch noch von Angst gelähmt zunehmend wie ein Kaninchen auf die Schlange auf unser eigenes Lebensende starren. So tun wir gut daran, wenn wir Prioritäten setzen und so gut wie möglich im Heute leben. Zudem wird es uns guttun, wenn wir die Aufgaben, die wir nicht mehr bewältigen können, an die nachfolgende Generation abgeben und herausfinden, was nur das Wesentliche in unserem Leben ist. So möchte ich Ihnen an dieser Stelle für Ihre Bereitschaft, sich mit dem Alter auseinanderzusetzen, gratulieren und dies mit einem Satz aus der Bibel unterstreichen: »Herr, lehre uns bedenken, dass wir sterben müssen, damit wir klug werden.« (Ps 90,12)

Alter ist eine herrliche Sache,
wenn man nicht verlernt hat,
was anfangen heißt.
(Martin Buber)[2]

2 https://www.geburtstag-gedichte.com/sprueche/alter.html

Gedanken und Impulse zum Älterwerden

Alt und stark sein wie ein Baum

Da unser Leben ein ständiger Veränderungs- und Wachstumsprozess ist, ist es wichtig, dass wir unseren eigenen Alterungsprozess annehmen und nicht gegen ihn ankämpfen. Dennoch ziehen es viele Menschen vor, dieses Thema zu verdrängen, keine Vorsorge zu treffen und aus Angst vor dem Älterwerden nicht über ihr Alter zu sprechen, sodass sie gar mit Hilfe von Schönheitsoperationen versuchen, jünger auszusehen, als sie es in Wirklichkeit sind. Dabei verkennen sie, dass wir auch in fortgeschrittenem Lebensalter gerade dann noch mehr Frische und Lebendigkeit ausstrahlen, wenn wir den Tod in unser Leben integrieren und das Leben mit all seinen Ereignissen und Bestimmungen so annehmen, wie es ist.

Grundsätzlich kann es aus meiner Sicht durchaus eine Hilfe sein, wenn wir uns in der Auseinandersetzung mit dem Alter auch einmal die Entwicklung eines Baumes anschauen, der den Stürmen des Lebens standzuhalten scheint, weil er es als vordringliche Aufgabe ansieht, sich bis zu seinem Lebensende immer wieder mit seinen Früchten an andere zu verschenken. Wollen auch wir uns in fortgeschrittenem Alter im Geiste und in unserem Denken so widerstandsfähig wie ein Baum zeigen (Mt 7,20: »an ihren Früchten sollt ihr sie erkennen«), dann wird uns dies am besten gelingen, wenn wir wissen, wofür wir leben, wenn wir uns gebraucht fühlen, demütig mit unserer Veränderung umgehen und uns solange wie möglich mit unseren Gaben an andere verschenken. Sind wir dann noch von einem Glauben an das ewige Leben beschenkt, dann besitzen wir gar die wertvolle von Gott geschenkte Gabe (Joh 3,16, 1. Joh 5,13), unseren Mitmenschen eine Hoffnung vorzuleben, mit der sie eine Bereitschaft entwickeln, sich mit der eigenen Sterblichkeit und der Gottesfrage auseinanderzusetzen. So wie dies auch meine Großmutter in ihrem ganzen Leben tat, sodass sie mir in der Kraft ihrer Hoffnung durch den Glauben nach einem anstrengenden Leben auf ihrem Sterbebett noch einmal liebevoll die Hand ausstreckte, so als wolle sie mir sagen, dass das Band unserer Liebe auch über den Tod hinaus nicht zerreißen wird.

So bin ich auch durch ihre Haltung zu der Einsicht gekommen, dass wir unser Leben auch in hohem Lebensalter noch als sehr sinnvoll erleben können, wenn wir uns im Glauben an die Liebe bis zuletzt ohne Bitterkeit im Herzen an andere und bestimmte Aufgaben verschenken und nicht am Leben verzagen, wenn wir nicht mehr das leisten können, was wir uns vorgestellt oder gewünscht haben. Jedenfalls durfte ich mit ansehen, wie wertvoll und geradezu lebenswichtig es für meine Großmutter war, dass sie trotz eines anstrengenden Lebens, in dem sie zwei Weltkriege durchlebte und ihren Mann und zwei Söhne verlor, dass sie im Glauben an Gott innerlich zuletzt zu einer Ruhe und einer Gelassenheit finden konnte, wie ich sie mir auch einmal bei meinem Abschied von diesem Leben wünsche. Durch ihre Liebe und Zuneigung habe ich es bis heute als meine Pflicht angesehen, alten Menschen respektvoll zu begegnen und sie nicht einfach abzuschieben, wenn wir mit ihrer Anwesenheit in einer Welt des Konsums und der Schönheitsideale nicht an unseren eigenen Alterungsprozess erinnert werden wollen und sie uns auch in wirtschaftlicher Hinsicht keinen Nutzen mehr bringen. Dies aber ist einem alten Menschen, der am Aufbau der Gesellschaft teilgenommen und oftmals Kinder versorgt hat, einfach nicht würdig.

Vor einem grauen Haupte sollst du aufstehen
und die Alten ehren.

(Num 19,32)

Im Altern einen Sinn erkennen

Ein Baum, der in die Höhe gewachsen ist, hat sich mit seiner Gabe, Frucht zu bringen, immer wieder an andere verschenkt. Umarmen wir ihn, schauen wir zu ihm auf, dann können wir uns sagen, dass auch wir in unserer Seele wachsen können, wenn wir uns mit unserer Gabe, unsere Mitmenschen zu lieben und auf diese Weise Frucht zu bringen, an andere verschenken.

Ein Baum, der uns vorbehaltlos seine Jahresringe zeigt, will auch uns dazu anregen, dass wir uns gerade in einer Welt der Schönheitsideale nicht unserer Falten schämen müssen, wenn wir uns mit unserer Reife und Weisheit an die verschenken, die auf ihrem Lebensweg nach Orientierung suchen. Wachsen wir also solange, bis wir unsere Aufgabe und Bestimmung, Frucht in diesem Leben zu bringen, ganz erfüllt haben, und sei es, indem wir körperlich geschwächt wie ein alter Baum auf dem Sterbebett ein letztes Gebet für andere sprechen.

Wichtig ist nur, dass wir uns auf unserem Lebensweg nicht von denen beeinflussen lassen, die sich in ihrer Ichbezogenheit in erster Linie selbst die Nächsten sind, obwohl wir doch auch in fortgeschrittenem Alter in unserem Herzen auf unbeabsichtigte Weise gerade dann glücklich werden, wenn es unser Ziel ist, uns mit unserer Gabe an andere zu verschenken. Glücklich wird, wer andere glücklich macht.

Langsam reifen

Ein Gedicht von Monika Minder[3]

Ein bisschen eigensinnig und natürlich weise,
offen für das, was noch drängt.
Mit ungefärbten Haaren versteht sich.
Nicht, weil grau gerade Mode ist und gut zum Alter passt,
sondern weil es echt ist.
Und echt sein, das ist wirklich weise.
Falten sind ganz wichtig,
sie machen ein Gesicht lebendig und erfahren.
Ich habe kein Problem damit,
es dürfen ruhig noch mehr kommen.
Muss ja nicht schon morgen sein.
Obwohl, den Begriff Lebenslinien finde ich noch fast schöner.
So reif und satt und erzählend,
Geschichten erzählend.
Niemand weiß, was jede einzelne Linie durchgemacht hat,
welcher Schmerz dahintersteckt.
Aber man weiß, man war dafür bestimmt.
Ja, ich wünsche mir Linien.

Für die Liebe ist man nie zu alt

Wer will einem alten Menschen verdenken, wenn er mit über 80 vergnügt wie ein Teenager durch seine Wohnung tanzt?

Doch nur die, die das Alter allein mit Gebrechlichkeit und Stillstand verbinden, und dabei übersehen, dass sich der Geist in jedem Alter unsterblich zeigt, wenn wir nur ausgelassen wie ein Kind in der Liebe leben.

3 https://www.geburtstag-gedichte.com/sprueche/alter.html

Wer will es einem über-80-jährigen Paar verdenken, wenn sie sich beide ausgelassen und voller Freude auf der Straße küssen?

Doch nur die, die anderen ihre Liebe absprechen, weil sie in ihrer Blindheit glauben, dass sich die Liebe auf ein gewisses Alter beschränken lässt.

Wer will einem alten Menschen verdenken, wenn er aus einer inneren Freiheit heraus in seinem von Falten gekennzeichneten Gesicht so selbstvergessen lacht, spielt und singt wie ein Kind.

Doch nur die, die in ihrem Herzen nicht verstanden haben, dass man nicht viel braucht, um glücklich zu sein, und das Glück in erster Linie durch die Liebe zu Gott, unseren Mitmenschen und uns selbst entsteht.

So sollte der Wert eines Menschen gerade in einer Wegwerfgesellschaft niemals von seinem Alter, seinem Geschlecht, seiner Leistung oder seinem Verhalten abhängig gemacht werden. Vermag doch jeder Mensch in jedem Alter eine Liebe zu zeigen, die sich der Logik unseres Verstandes entzieht.

In jedem Lebensalter Frucht bringen

Gott lässt mit viel Liebe alles so gemächlich wachsen wie es für alle am verträglichsten ist.

In seiner schöpferischen Liebe steckt eine Weisheit und Geduld, mit der er alles Geschaffene auf geniale Weise zur Entfaltung bringt.

Ja, er lässt keine Rose schneller wachsen, als es angemessen wäre, kein Baum langsamer reifen, als es sinnvoll wäre, keine Sonne schneller auf- oder untergehen, als es zumutbar wäre, die Planeten in einem solch genialen Abstand zueinanderstehen, dass wir auf dieser Erde gut leben können. Ja, er lässt keinen Menschen dem anderen gleichen, sodass wir in der Lage sind, uns in unserer Unterschiedlichkeit persönlich zu erkennen.

So existiert alles in einem harmonischen Zusammenspiel aller Kräfte, damit unser Leben diese einmalige und doch geheimnisvolle Wirklichkeit gewinnt.

Wollen auch wir in jedem Alter gemächlich und angemessen wachsen, dann wird uns dies gelingen, wenn wir unseren Mitmenschen mit einer Liebe, einer Weisheit und einer Geduld begegnen, wie sie für andere und uns verträglich ist. Und indem wir Verantwortung für uns übernehmen, uns in keinem Lebensalter über unsere Grenzen belasten und uns nicht unter Druck setzen, damit wir uns nicht aus den Augen verlieren und orientierungslos durch unser Leben gehen.

Suchen wir in unserem Leben nach dem, was uns Sinn verspricht, sodass wir auch wissen, wofür wir leben, dann werden wir auch eine Identität gewinnen, wie wir sie auch bei einem Baum erkennen, der es in jedem Lebensalter als vorrangige Aufgabe ansieht, sich mit seiner Frucht an andere zu verschenken und damit auch ein Symbol für die Botschaft darstellt, dass Geben seliger als Nehmen ist (Apg 20,35). Sind wir bereit, uns an andere zu verschenken, dann sind wir dafür nie zu alt, sodass wir noch auf unserem Sterbebett einem Menschen eine liebevolle Geste zeigen oder ein Gebet für ihn sprechen können.

Impuls:

Von alten Menschen können wir viel lernen, besitzen doch gerade sie eine Lebenserfahrung und Weisheit, mit der sie gerade in schwierigen Verhandlungen und Konflikten eine große Lösungskompetenz beweisen. Dies kann im Alltag ein ehemaliger Unternehmer sein, der Neugründern wertvolle Tipps gibt; ein Handwerker, der in einem Behindertenheim mit Schülern Stühle zusammenschraubt, die Lehrerin im Ruhestand, die Flüchtlingen Deutsch unterrichtet oder der Seelsorger, der jungen Menschen in ihren Konflikten mit all seiner Gelassenheit und Lebenserfahrung zuhört. Unterstützt die Politik die Beziehung zwischen jungen und alten Menschen durch verbesserte Rahmenbedingungen, dann vermag sie ein fortschrittliches Handeln aufzuweisen, dass uns allen zugutekommt.

Die Jugend ist die Zeit, die Weisheit zu lernen.
Das Alter ist die Zeit, sie auszuüben.
(Jean-Jacques Rousseau)

Den eigenen Alterungsprozess annehmen

In einer Welt voller Schönheitsideale, in der mit Hilfe der Werbung in den Medien jugendliches Aussehen angepriesen wird, wird dem Thema »Älterwerden« nur wenig Bedeutung zugemessen. Gleichzeitig aber lässt sich in den Medien ein regelrechter Hype um die Themen »Ernährung« und »sportliche Betätigung« feststellen. So, als seien in einem diesseits begrenzten Leben, das wir uns selbst nicht zu verdanken haben und in dem das Wertebewusstsein schwindet, allein die Gesundheit, das Aussehen und der Sport die höchsten Ziele, die es in diesem Leben anzustreben gilt. Spätestens aber, wenn wir selbst von einer lebensbedrohlichen Krankheit oder dem Tod bedroht werden, sehen wir uns gezwungen, uns sowohl mit unserem eigenen Alterungsprozess als auch mit der Sinn- und Gottesfrage auseinanderzusetzen. Nehmen wir unser Alter aber so an, wie es ist, und lassen wir bereits unsere Kinder an Bestattungen teilnehmen, dann verbannen wir auch unseren Alterungsprozess und unseren unausweichlichen Tod nicht aus dem Leben. Gestehen wir uns ein, dass der Tod zum Leben gehört und dass es völlig natürlich ist, wenn uns im Laufe der Zeit bestimmte Dinge nicht mehr so leicht von der Hand gehen, dann zeigen wir eine Ehrlichkeit auf, die vertrauensstiftend ist. Wehren wir uns aus einem gewissen Stolz, aus Angst oder aufgrund einer inneren Widerspenstigkeit gegen das Älterwerden, dann schaden wir uns nur selbst. Geben wir dann noch vor, alles alleine erledigen zu können, obwohl sich die unerledigten Arbeiten, die wir nicht mehr bewältigen können, vor den Augen anderer stapeln, dann versuchen wir uns mit unserer eigenen Sturheit durchzusetzen, riskieren dabei aber, das andere über unsere Starr- und Sturheit nur den Kopf schütteln, weil sie erkennen, wie unbeweglich und starr wir mittlerweile geworden sind. Dabei wird gerade im Umgang mit Angehörigen oder Pflegekräften eine gewisse Bereitschaft zur Veränderung von jedem von uns gefordert, zumal die Personen, die uns einmal im Alter begleiten, oftmals selbst sehr unter Druck stehen und sicherlich lieber einen einsichtigen Patienten betreuen, als einen Menschen, der seiner eigenen Realität nicht ins Auge sehen und sich nicht verändern oder den Umständen anpassen will.

So möchte ich Sie, liebe Leserin und lieber Leser, von Herzen ermutigen, nehmen Sie Ihren Alterungsprozess an und verfassen Sie auch möglichst frühzeitig eine Patientenverfügung und Vorsorgevollmacht. Und regeln Sie Ihre Erbangelegenheiten, damit erst gar keine Missverständnisse unter Ihren Angehörigen entstehen und Sie nicht auch noch mit ansehen müssen, wie es aufgrund eines ungeregelten Erbes unter den Kindern auf unwürdige Weise zu Unstimmigkeiten, Eifersüchteleien und Verletzungen kommt, die Sie dann auch selbst sehr belasten können. Regeln Sie also rechtzeitig, was zu regeln ist, damit Sie anschließend auch selbst zu einer inneren Ruhe finden, mit der Sie Ihren Lebensabend gelassen gestalten und genießen können. Richten Sie sich auf, fassen Sie Mut, freuen Sie sich und tanzen oder singen Sie in Ihr Leben hinein, wenn Sie diese wichtigen Aspekte in Ihrem Leben geklärt haben und blicken Sie optimistisch in eine Zukunft, die es von Ihnen zu gestalten gilt.

Jeder, der sich die Fähigkeit erhält,
Schönes zu erkennen,
wird nie alt werden.

(Franz Kafka)

Lerne alt zu werden mit einem jungen Herzen.
Das ist die Kunst.

(Johann Wolfgang von Goethe)

Das Alter ist wie die Woge im Meer.
Wer sich von ihr tragen lässt, treibt obenauf.
Wer sich dagegen aufbäumt, geht unter.

(Gertrud von Le Fort)

Die Vorzüge des Alters nutzen

Je kreativer und aktiver Sie in geistiger und körperlicher Sicht bleiben, desto größer ist die Wahrscheinlichkeit, dass Sie auch die Vorzüge des Alters so lange wie möglich nutzen können. Ist dies doch allemal besser, als wenn Sie sich zu sehr von außen berieseln lassen, rund um die Uhr Fernsehen schauen und auf diese Weise völlig unnötig Ihre geistige Leistungsfähigkeit mindern. Lesen Sie hingegen beispielsweise, wenn Sie denn möchten, ein interessantes Buch zu einem spannenden Thema, dann werden Sie auch im Alter eine Lebendigkeit in sich spüren, mit der Sie dem Leben tiefer verbunden bleiben, als wenn Sie keinerlei Aktivität zeigen. Vielleicht möchten Sie sich aber auch mit einem Besuch im Schwimmbad fit halten, eine Heimzeitung gründen, eine Biographie schreiben, an einem Malkurs teilnehmen, eine Gymnastikgruppe oder einem Chor beitreten, einen Kurse für Ältere belegen, Nachhilfeunterricht geben oder ein altes Hobby pflegen. Hier gibt es viele Möglichkeiten, mit denen Sie nicht nur Ihren Lebensabend gestalten, sondern auch Depression im Alter vorbeugen können. Oder aber Sie übernehmen in einem Seniorenheim oder zu Hause eine

Tätigkeit, bei der Sie sich gebraucht und zugehörig fühlen. Lassen Sie sich also nicht gehen, nicht alles von sich gefallen und entwickeln Sie eine Strategie, wie Sie Ihr Leben bestmöglich gestalten können. Werden Sie ein kreativer Meister oder eine kreative Meisterin in Ihrem eigenen Alter. Und meiden Sie dabei möglichst all die Menschen, die dauerhaft klagen, nichts für sich tun, dauernd über Ihre Symptome oder Ihre Mitmenschen sprechen und Ihnen mit immerwährenden negativen Botschaften die Freude am Leben verderben können. Und strukturieren Sie den Tag so, dass Sie sich lebendig und beschäftigt fühlen und nicht eine innere Leere spüren, die Ihnen die Freude am Leben nehmen kann. Nutzen Sie Ihre Zeit aus und sprechen Sie ruhig auch einmal mit Gott über Ihr Leben, wenn Sie denn wollen und bleiben Sie offen für das, was Ihnen das Leben noch an Überraschungen zu bieten hat. Wohl verstanden alles in einem Maße, das für Sie verträglich ist.

Weisheit und Lebenserfahrung krönen das Alter

Gelingt es Ihnen, Ihre Weisheit und Lebenserfahrung an jüngere Menschen weiterzugeben und strahlen Sie dabei auch noch eine Gelassenheit aus, die beruhigend auf unruhige Menschen wirkt, dann zeigen Sie sich wie ein Ruhepol, den so viele Menschen in einer zunehmend digitalisierten und hektischen Zeit so dringend brauchen. Zudem werden Sie in fortgeschrittenem Alter mit all Ihrer Erfahrung, die Sie bei der Überwindung Ihrer Probleme in Ihrem Leben bisher erlangt haben, ein Vorbild und Trost für all die jüngeren Menschen sein können, die sich in einer Zeit mit ganz neuen Herausforderungen wie Pandemie, Fluchtbewegungen und Umweltverschmutzung oftmals ohnmächtig, einsam, ausgegrenzt und verlassen fühlen. Seien Sie also selbstbewusst und bringen Sie sich ein. Vielleicht haben Sie aber auch Interesse, in höherem Alter in einem bestimmten Rahmen bei den Kirchen oder anderen sozialen Einrichtungen ehrenamtlich tätig zu werden und jüngere Menschen zu einer positiven Veränderung in der Welt, zu einem positiven Wertebewusstsein und der Stärkung der Demokratie zu ermutigen.

Impuls:

Die Politik könnte Lebens- und Wohnmodelle wie Mehrgenerationenhäuser fördern, sodass in diesen mehr Austausch zwischen den Generationen stattfinden kann. In denen Kleinkinder von berufstätigen Eltern von gesunden älteren Menschen im Rentenalter stundenweise beaufsichtigt werden oder in denen Schüler oder Studenten in ihrer Freizeit etwas für betagte ältere Menschen einkaufen. So könnte all das zusammenwachsen, was in Wirklichkeit auch zusammengehört. Gerade die Pandemie hat doch bewiesen, wie sehr Studenten, Kleinkinder und alte Menschen in unserer individualisierten Gesellschaft vereinsamt sind. Auch wenn in einer Pandemie Abstand gefordert ist, so ist es doch ein Unterschied, ob man monatelang alleine in einer Wohnung lebt oder in einem Mehrgenerationenhaus, in dem eine gefühlte Nähe spürbarer wird.

Weisheit im Alter

Gebet von Theresa von Avila, 1515–1582[4]

Oh Herr, Du weißt besser als ich, dass ich von Tag zu Tag älter und eines Tages alt sein werde.
Bewahre mich vor der Einbildung, bei jeder Gelegenheit und zu jedem Thema etwas sagen zu müssen.
Erlöse mich von der großen Leidenschaft, die Angelegenheiten anderer ordnen zu wollen.
Lehre mich, nachdenklich (aber nicht grüblerisch), hilfreich (aber nicht diktatorisch) zu sein.

4 https://www.tillahrens.de/till-ahrens-blog/entry/gebet-des-aelter-werdenden-menschen.html

Bewahre mich vor der Aufzählung endloser Einzelheiten und verleihe mir Schwingen, zur Pointe zu gelangen.
Lehre mich Schweigen über meine Krankheiten und Beschwerden. Sie nehmen zu, und die Lust, sie zu beschreiben, wächst von Jahr zu Jahr.
Ich wage nicht, die Gabe zu erflehen, mir die Krankheitsschilderungen anderer mit Freude anzuhören, aber lehre mich, sie geduldig zu ertragen.
Lehre mich die wunderbare Weisheit, dass ich mich irren kann.
Erhalte mich so liebenswert wie möglich.
Lehre mich, an anderen Menschen unerwartete Talente zu entdecken, und verleihe mir, oh Herr, die schöne Gabe, sie auch zu erwähnen.

Auf die Rente freuen

Sicher möchten auch Sie nicht zu den Menschen gehören, die nach dem Ausscheiden aus dem Berufsleben in eine Krise geraten, weil es Ihnen nicht gelungen ist, sich rechtzeitig auf die Zeit als Rentnerin oder Rentner einzustellen. Gerade wenn Sie zuvor Jahrzehnte einer gewohnten Tätigkeit nachgegangen sind, in der Sie vielleicht wie ein Uhrwerk funktioniert haben und sich eine Selbstdisziplin angeeignet haben, mit der Sie Ihrem Leben eine Struktur verliehen haben, ist es wichtig, dass Sie ohne Ihre gewohnte Berufstätigkeit nicht in einer inneren Leere versinken. Gelingt es Ihnen, auch Ihre Zeit als Rentnerin oder Rentner mit sinnvollen Inhalten zu gestalten, dann ist ein wichtiger Schritt für ein zufriedenes Leben im Alter getan, sodass Sie sich erst gar nicht ungebraucht oder unerfüllt fühlen. Bauen Sie also vor und malen Sie sich Ihre Zukunft als Rentner oder Renterin mit all Ihrer Fantasie aus. Zudem kann es Ihnen guttun, wenn Sie sich frühzeitig mit Ihrer Partnerin oder Ihrem Partner über Ihre Alltagsgestaltung abstimmen, damit erst gar keine größeren Missverständnisse zwischen Ihnen entstehen und Ihre Beziehung nicht gleich von Anfang an eine gewisse Trübung erlebt. Jedenfalls werden Sie es bestimmt genießen, endlich einmal so richtig auszuschlafen und nach dem Erledigen notwendiger häuslicher Aufgaben in aller Ruhe einem alten Hobby nachzugehen, das Sie vielleicht schon in der Kindheit begeistert hat. Erst kürzlich sah ich im SWR einen Bericht über eine 64-Jährige, die mit einem 125 ccm Motorrad die halbe Welt bereist hat. Sie hatte sich frühzeitig auf Ihre Pensionierung eingestellt und schon zwei Jahre vor Ihrem Start mit den Planungen begonnen. Vielleicht mag dies ein kleiner Anreiz für Ihre Zeit als Rentner oder Renterin sein.

Das Alter verklärt oder versteinert.

(Marie von Ebner-Eschenbach)

Wenn man alt wird, muss man zeigen,
dass man noch Lust zu leben hat.

(Johann Wolfgang Goethe)

Neu anfangen

Ein Gedicht von Monika Minder[5]

Etwas neu anfangen
mit Mut und Vertrauen.
Sich über dieses Anfangen
ganz sachte hinausführen lassen
in das Wunder des Gelingens,
aber auch in die Aufgabe des Scheiterns.
Das Leben in seinen Höhen und Tiefen spüren
heißt intensiv leben,
heißt Erfahrungen machen,
die uns einen Wert geben
und einen Platz in der Welt.

5 https://www.geburtstag-gedichte.com/sprueche/alter.html; mit freundlicher Genehmigung der Autorin

Es gibt nichts auf der Welt,
das einen Menschen so sehr befähigt,
äußere Schwierigkeiten oder innere Beschwerden zu überwinden,
wie das Bewusstsein, eine Aufgabe im Leben zu haben.

(Viktor E. Frankl)

Würdig mit sich selbst umgehen

Liebevoll mit mir umgehen, indem ich all die Aufgaben, die ich nicht mehr bewältigen kann, loslasse, einen aufkommenden Energieverlust in mir akzeptiere, damit ich auch in Zukunft die stillen Augenblicke in meinem Leben noch so offen und entspannt wie ein Kind genießen kann.

Mich immer wieder versöhnen, damit aufgrund einer aufkommenden Bitterkeit keine stürmische Unruhe in mir entsteht, die mich daran hindern könnte, mich achtsam auf mein zukünftiges Leben einzulassen. Immer wieder inneren Frieden anstreben, zumal ich so beruhigend auf all die jüngeren Menschen wirken kann, die in ihrer inneren Unruhe und Zerstreutheit Beistand suchen und von meiner Lebenserfahrung und Weisheit profitieren können. Auf dem Weg zu einer höheren Macht in ein anderes Leben all das klären, was noch zu klären ist. Mich nicht der Verzagtheit hingeben, sondern die einsamen Momente nutzen, um mich auf ein Gespräch mit Gott einzulassen. Es für möglich halten, dass er mir im Alter Engel schicken kann, die mich bis an die Grenze meines irdischen Todes begleiten. Mich gerade in einer Welt voller Schönheitsideale auch im Alter ansehnlich finden, weil ich weiß, dass echte äußere Schönheit aus innerer Freude bzw. aus der Liebe zu mir selbst entsteht. Mich innerlich mehr und mehr von Plänen in der Zukunft lösen, um Gott in meinem Sein einen Raum zu geben, von dem schon Theresa von Avila sagte, dass er allein genügt. Dass ich mich gerade dann ihm überlasse, wenn ich in meiner Ohnmacht spüre, dass ich mein Leben nicht mehr kontrollieren kann.

Liebevoll mit mir selbst umgehen, indem ich eine Aufgabe finde, die mich so begeistert, dass ich erst gar keine Zeit habe, um zu sehr über meine restliche Lebenszeit nachzudenken.

Mich auch einmal ausweinen und all das, was mich belastet, aussprechen, damit ich mich bei einer aufkommenden Einsamkeit nicht zu sehr zurückziehe oder gar in Alkohol oder Betäubungsmittel flüchte, um meine innere Leere zu füllen. Mich immer wieder Gott überlassen, weil ich gewiss sein darf, dass ich nicht tiefer fallen kann als in seine Hand. Mich von unerwünschten Krankheiten nicht bitter machen lassen, damit ich anderen nicht in einem Zynismus begegne, mit dem ich sie auf provozierende Weise auf Distanz halte. Mich immer wieder loslassen und den Willen Gottes geschehen lassen, wenn ich meine Wünsche und Träume trotz aller Versuche nicht umsetzen kann. Meinen Glauben an Gott in schwierigen Situationen nicht wegwerfen, zumal er mich in seiner großen Liebe auch dann noch liebt, wenn ich mich von ihm abwende, weil ich ihn für meine Lebenssituation verantwortlich mache. Auch einmal mit Gott hadern und zu ihm aufschreien, wenn ich das Gefühl habe, dass ich bei einer lebensbedrohlichen Diagnose den Boden unter den Füßen verliere.

Aber auch ein kluges Herz zeigen, indem ich eine Dankbarkeit einübe, mit der ich mir ein Gottvertrauen und eine Gelassenheit bewahre, ganz in dem Glauben, dass Gott mich nicht überfordern wird.

Wollen wir uns auch bei einer auftretenden Hilfsbedürftigkeit im Alter würdevoll begegnen, dann ist es wichtig, dass wir selbstsicher auftreten, zu unserer Lebensweise und zu unserer Persönlichkeit stehen. Zumal es keinen Sinn macht, darüber nachzudenken, was andere über uns denken, wenn wir uns auf eine bestimmte Weise kleiden oder Träume leben, die wir uns schon immer erfüllen wollten.

Verlass dich auf den Herrn von ganzem Herzen
und verlass dich nicht auf deinen Verstand,
so wird er dich recht führen.

(Spr 3,5–6)

Ungeklärtes klären

Es ist eine Tatsache, dass wir unser Leben erst dann voll ausschöpfen und genießen können, wenn wir Unversöhntes versöhnt und Ungeklärtes geklärt haben. So kann ich Sie nur ermuntern, einmal tief in sich hineinzuhören und wahrzunehmen, was Sie noch immer so belastet und verletzt, dass Sie es als eine große Erleichterung empfinden würden, wenn Sie sich davon befreien könnten. Fassen Sie also Mut, kämpfen Sie für Ihr eigenes Wohlergehen, bringen Sie Ordnung in Ihre Seele und entlasten Sie sich von all dem belastenden Gepäck, damit Sie Ihren Lebensweg befreiter und leichter gehen und sich am Ende auch leichter von diesem Leben verabschieden können. Seien Sie ehrlich zu sich selbst und zeigen Sie Ihren Mitmenschen und sich selbst, dass Sie sich selbst etwas wert sind und verantwortungsvoll mit sich umgehen.

Sollten Sie in Ihrer Seele auf traumatische, beängstigende oder bedrückende Erfahrungen stoßen, die Sie immer wieder belasten oder Albträume in Ihnen hervorrufen, dann suchen Sie ruhig einen Seelsorger oder eine Seelsorgerin oder einen Therapeuten oder eine Therapeutin auf, um dies besser verarbeiten und am Ende auch wieder ruhiger schlafen zu können. Gehen Sie freundlich mit sich um und streben Sie einen inneren Frieden an, der Ihnen eine Gelassenheit schenkt, mit der Sie wiederum beruhigend auf Menschen wirken, die in ihrer Seele unruhig und verunsichert sind, weil sie in sich selbst eine Last tragen, mit der sie sich nicht auseinandersetzen wollen oder glauben nicht zu können. Streben Sie inneren Frieden an, dann vermögen Sie auch im Alter noch zu einem Segen für andere zu werden. Zudem haben Sie die Möglichkeit, Entspannungskurse oder Gebetskreise aufzusuchen und Ihre mehr als früher zur Verfügung stehende Lebenszeit auf diese Weise sinnvoll mit anderen zu teilen. Sollten Sie im Gespräch mit Gott oder Ihren Mitmenschen eine anerzogene Scham oder Gehemmtheit verspüren, dann bauen Sie langsam Vertrauen auf, damit Sie sich Schritt für Schritt leichter öffnen und auch weiterhin am Leben teilnehmen können. Denn neue wichtige Erfahrungen im Sinne einer Weiterentwicklung können wir nur machen, wenn wir auch innerlich offen sind und uns mit unseren Problemen nicht in uns selbst verschließen.

Mit Dankbarkeit das Leben genießen

Versöhnung ist notwendig, damit Sie im Alter entspannt, gelassen und friedlich leben können. Gelingt es Ihnen, innerlich dankbar zu bleiben, dann werden Sie sich auch im fortgeschrittenen Alter noch so neugierig und offen wie ein Kind zeigen können, das sich über den Anblick eines Regenbogens oder eine Blume freuen kann. Letztlich ist es nicht verwunderlich, dass Kinder in erster Linie ein Lob- und Dankgebet und weniger ein Bittgebet sprechen. Sind Sie aber im Alter nicht bereit, sich zu versöhnen oder auch die nachlassenden Kräfte in höherem Alter zu akzeptieren, weil Sie Ihre Leistung und/oder Ihr Ansehen über ein notwendiges Loslassen stellen, dann werden Sie sich aufgrund Ihrer Verschlossenheit auch so starr oder bitter vor Ihren Angehörigen oder dem Pflegepersonal zeigen, dass Sie damit nicht nur zwischenmenschliche Probleme heraufbeschwören, sondern auch blind für all das Schöne werden, dass Ihnen das Leben in Ihrer letzten Lebenszeit bieten möchte. Gelingt es Ihnen nach dem Aufwachen am Morgen versöhnt und mit innerer Dankbarkeit für einen eindringenden Sonnenstrahl oder den Gesang eines Vogels zu danken, dann werden Sie auch trotz eines körperlichen

Handicaps in Ihrem Geist lebendig und beweglich bleiben, sodass Sie auch dann noch eine natürliche, innere Lebendigkeit und Freude zum Ausdruck bringen können, um ihr Alter zu genießen. Ich jedenfalls wünsche Ihnen dies!

Schauen wir vor unserem Tod von dem Berg unserer Erfahrungen in die Tiefe unserer Erinnerungen hinab, dann wird dies umso angenehmer sein, je mehr wir mit uns selbst im Reinen sind. Wer versöhnt ist, braucht keine Angst vor sich selbst und der Zukunft zu haben.

Umgang mit dem Älterwerden

Mich versöhnen,
um einen inneren Frieden zu bewahren,
der mich gelassen bleiben lässt.

Dankbarkeit empfinden,
um auch im Alter so neugierig sein zu können wie ein Kind,
das sich über den Anblick eines Schmetterlings freuen kann.

Meine nachlassenden Kräfte akzeptieren,
damit ich nicht starr und unleidlich
und somit zu einer Belastung für meine Mitmenschen
und mich selbst werde.

Versöhnt leben,
damit ich nicht bitter und blind für all das Schöne werde,
das mir das Leben noch zu bieten hat.

Vermögen Sie auch als älterer Mensch für Ihr Leben zu danken, dann können Sie zu einem Segen für all die Menschen werden, die in einer zunehmend digitalisierten Zeit mit immer weniger fühlbarer Nähe unter innerer Einsamkeit und Unruhe leiden.

Ist Ihnen bewusst, dass Sie in jedem Lebensalter einen unschätzbaren Wert besitzen? Machen Sie Ihren Wert nicht von Ihrem Leistungsvermögen, Ihrem Aussehen oder Ihrem Besitz abhängig, dann sind Sie innerlich unabhängig und strahlen damit eine Gelassenheit aus, nach der sich andere Menschen in Ihrem Alter oftmals sehnen.

Anmerkung:

Wir gehen gerade dann würdig mit alten Menschen um, wenn wir uns für ihre Bedürfnisse interessieren und auf ihre Wünsche nach einer würdevollen Behandlung eingehen.

Liebe, Zeit und Ewigkeit

Weil unser Leben begrenzt ist, orientieren wir uns an der Zeit.

Erfahren wir aber tiefe innige Liebe, dann können wir uns so frei und glücklich fühlen, dass wir die Zeit vergessen.

Vergessen wir aber die Zeit, dann gehen wir auf eine Ewigkeit zu, die in einem unendlichen Augenblick der Liebe existiert.

Liebe ist stärker als der Tod.

Glauben wir etwas erledigen zu müssen, dann schauen wir auf die Uhr.

Lieben wir aber, dann vergessen wir die Zeit und wünschen uns die Ewigkeit.

Mein persönlicher körperlicher Alterungsprozess

Was befähigt mich, ein Buch über das Älterwerden zu schreiben? Natürlich bin auch ich ein Mensch mit einer ganz individuellen Lebensgeschichte, in der ich einiges gelernt und erfahren habe, das vielen anderen Menschen auf ihrem Lebensweg helfen kann. Wenn ich an meine Kindheit zurückdenke, wird mir bewusst, dass ich schon in dieser Zeit viel körperliche Arbeit geleistet habe, weil es der elterliche Betrieb so erfordert hat. Daneben habe ich es geliebt, Fußball zu spielen, lange Strecken zu laufen, unterschiedliche sportliche Wettbewerbe im Fernsehen zu verfolgen oder auch selbst einmal an einem Wettkampf teilzunehmen. Allerdings reduzierte sich meine sportliche Begeisterung etwas, als ich vor knapp 25 Jahren von jetzt auf gleich von einer spastischen nicht kontrollierbaren Lähmung heimgesucht wurde, die mich so einschränkte, dass ich nur noch begrenzt am gesellschaftlichen Leben teilnehmen und gewisse Pläne nicht mehr in die Tat umsetzen konnte. Dies wiederum hat mir einiges an Demut abverlangt, auch weil ich anfänglich mit meinem Schicksal haderte und nicht so recht wahrhaben wollte, dass die Heilungschancen bei dieser doch relativ seltenen Erkrankung sehr gering waren. Hinzu kam, dass ich einige Jahre später sowohl an einer rheumatoiden Arthritis als auch an einem belastenden Tinnitus erkrankte. Befunde, die mich zusätzlich schockierten, auch weil ich bezüglich der rheumatischen Diagnose negative fantasievolle Bilder mit dieser Erkrankung verband, sodass ich befürchtete, trotz meinem starken Lebenswillen bereits in naher Zukunft von der Unterstützung meiner Mitmenschen abhängig zu werden.

Da ich aber seit meiner späten Kindheit ein gläubiger Mensch war, führte dies dazu, dass ich trotz dieser zumindest anfänglich bedrückenden Diagnose nicht nur auf die Worte des behandelnden Arztes, sondern auch auf mein Herz und somit auf meine innere Stimme hörte. So kam es, dass ich die von meinem Facharzt verschriebenen starken Medikamente nicht einnahm, obwohl dieser mir versicherte, dass ich mir meine Gelenke zerstören würde, sollte ich seine empfohlene Medikation ablehnen. Tatsache aber war, dass sich auch nach 20 Jahren ohne die Einnahme von Medikamenten bei mir keinerlei Gelenkzerstörung feststellen ließ – eine Entscheidung, die ich nicht uneingeschränkt weiterempfehlen möchte, aber dazu später mehr. Zurück zur Krankheitsbehandlung: Ich vermied es zudem, nach dem Bekanntwerden der Diagnose zu sehr um die Erkrankungen zu kreisen, weil ansonsten mehr und mehr die diagnostizierten Krankheitsbilder und nicht ich mein Leben bestimmte. Wohl wissend, dass ich als Mensch immer mehr als meine Krankheit bin. Ja, ich sagte mir, dass es keine Schande ist, krank zu sein, wohl aber eine Schande, wenn ich als Mensch nichts gegen die Krankheit tue.

Also begann ich mich innerlich gegen die Erkrankungen aufzubäumen, sie nicht zu wichtig zu nehmen und täglich mit meinem Hund laufen zu gehen. Zudem setzte ich mich mehr als bisher mit den wesentlichen Themen im Leben auseinander, schrieb meine Gedanken auf und verzichtete gleichzeitig auf Alkohol, Nikotin und auf Nahrungsmittel, die die Entzündungswerte im Körper unnötig ansteigen lassen.

Wie schon angesprochen, möchte ich nicht jedem Menschen mit einer schweren Erkrankung dazu raten, keine Medikamente einzunehmen. Nein, damit würde ich fahrlässig handeln. Sagen will ich damit nur, dass es aus meiner Sicht auch immer wichtig ist, auf das eigene Herz und auf die innere Stimme zu hören, positiv zu denken, um ein Wofür zu wissen, liebevoll mit sich selbst umzugehen, sich einem liebenden Gott anzuvertrauen, damit man keine Gefahr läuft, am Ende an einer festgestellten Erkrankung zu verzweifeln oder diese in gewissem Sinne auch zu vergötzen. Auch, indem ich, wenn es erforderlich ist, mit letzter Kraft auf die Knie gehe und Gott um sein Erbarmen, seine Heilung, eine Schmerzlinderung oder was auch immer bitte, wenn es mir einmal so richtig schlecht geht. Wichtig war in meinem Leben auch immer, dass ich mich mit meiner Erkrankung auch vertrauenswürdigen Menschen anvertraut habe, dass ich um ein soziales Netz wusste, dass mich aufgefangen hat, wenn ich innerlich am Fallen war. Gerade in einer Leistungsgesellschaft, in der den Menschen immer mehr Flexibilität abgefordert wird und fühlbare Nähe durch die Digitalisierung zunehmend verloren geht, ist es wichtig, einen liebenden Gott oder Menschen zu kennen, dem wir uns mit unserem Mut zur Schwachheit öffnen können, zumal wir erst so zu den wahrhaftigen vertrauenswürdigen Menschen werden, denen sich unsere Mitmenschen dann auch wieder besser öffnen können. Auch, weil in unserer Gesellschaft die Themen »Älterwerden«, »Krankheit« und »Tod« so gerne ausgeblendet und verdrängt werden. Jedenfalls lohnt es sich, und das ist meine persönliche Erfahrung, weiterzukämpfen, weiterzuwachsen, nicht stehenzubleiben und nach vorne zu schauen.

Weiterhin möchte ich bemerken, dass ich durch die Gebete anderer viele Bewahrungen in meinem Leben erlebt habe. Zudem habe ich immer wieder Versöhnung in meinen Beziehungen angestrebt, damit keine Bitterkeit in meinem Herzen entsteht, mit der ich meine angestrebte Lebensfreude und den Frieden in meinem Herzen nur unnötig eingebüßt hätte. Vielleicht habe ich einige wundersame Bewahrungen in meinem Leben aber auch deswegen erlebt, weil ich auch ein großer Zweifler sein kann, sodass ich diese Wunder vielleicht auch gebraucht habe, damit ich mich nicht in mir selbst und Gott aus den Augen verliere. Letztlich waren es die leidvollen Erfahrungen in meinem Leben, durch die ich wachsen konnte. Ja, sie haben mir die Kraft gegeben, Bücher zu veröffentlichen, wie ich sie mir früher nicht hätte vorstellen können.

Als meine Tochter mit ihrem Ehemann und meiner Enkeltochter nach Thailand in den Urlaub flog, sprach ich mit Gott und bat ihn, sie auf ihrem Weg zu begleiten. Wenige Tage später erfuhr ich abends in den Fernsehnachrichten, dass ihr Urlaubsort von einem Tsunami erfasst wurde. Einige Zeit konnte ich unter großer Aufregung keine Verbindung zu meiner Tochter herstellen, bis sie mir erzählte, dass sie in einiger Entfernung zu dem Tsunami mit dem Schiff unterwegs waren und deswegen von dem Tsunami verschont blieben.

Nachdem ich mit meiner Frau ein christliches Wochenendseminar besucht hatte, auf dem auch gebetet wurde, setzte ich bei offener Tür meinen Sohn auf den Kindersitz, um ihn anzuschnallen. In diesem Moment näherte sich für mich unbemerkt das Fahrzeug einer übermüdeten Ärztin, die von der Nachtschicht kam. Diese streifte mit ihrem Fahrzeug die offenstehende Tür, in der ich stand, um meinen Sohn anzuschnallen. Außer einem Schreck, der mich in allen Glieder traf, ist uns allen Gott sei Dank nichts passiert. Ja, es hätte nur eine geringe Abweichung genügt, und wir hätten dies vielleicht nicht überlebt.

Bevor ich als Lkw-Fahrer von einem anderen erfahrenen Fahrer auf einer Tagestour eingewiesen wurde, sprach ich mit Gott, dass er uns doch am Tag auf der Fahrt begleiten möge. Als wir abends den Lkw mit Anhänger auf dem Hof der Spedition abstellten, fiel das Lenkgestänge des Lkw zu Boden.

Als mein Sohn durch eine Unachtsamkeit von einer höheren Treppe fiel und ich das Schlimmste befürchten musste, blieb er auf wundersame Weise völlig unverletzt.

Dies sind nur vier Erlebnisse, in denen ich mich von höherer Stelle bewahrt glaubte. Viele mögen jetzt denken, na ja, das war einfach alles nur Glück. Ich aber frage Sie, liebe Leserin, lieber Leser, was denn aus Ihrer Sicht Glück ist oder wann Sie Glück erfahren. Sind das nicht gerade all die Momente, in denen wir Liebe und damit auch einen gewissen Schutz oder Beistand von höherer Stelle erfahren? Begegnet uns nicht auch Gott mit all seiner Liebe, indem er uns vor dem Tod bewahrt, weil gerade er die Zeit bestimmt, in der der Tod zu einer Durchgangsstation wird, durch die wir wieder zu ihm nach Hause kommen?

Ja, ich kann bis heute die Aussage von Viktor E. Frankl, dem berühmten Psychiater, der im KZ viermal zum Tode verurteilt war und dieses überlebte, nur zustimmen, wenn er sagt: »Das Leiden hat nicht nur ethische Dignität – es hat auch metaphysische Relevanz. Das Leiden macht die Menschen hellsichtig und die Welt durchsichtig.«[6]

Ja, wir können wachsen, wenn wir unsere Leiden ohne Bitterkeit überwinden und anderen zu einem Vorbild werden, die sich in einer ähnlichen Situation Hilfe durch andere wünschen.

6 https://gutezitate.com/zitat/124231; mit freundlicher Genehmigung der Autorin

Was wir von Kindern lernen können

Neugierig bleiben

Kinder streben in ihrer Unbefangenheit noch keine Anhäufung von Besitz an, um sich auf diese Weise sicherer zu fühlen oder die Anerkennung ihrer Mitmenschen zu erhalten. Kinder brauchen eine gewisse Neugierde, damit sie diese Welt entdecken können. Eine Neugierde, die Ihnen auch im Alter guttun wird, weil es in diesem Leben zu jeder Lebenszeit Geheimnisse und Möglichkeiten gibt, die es zu entdecken gilt und die Sie im Geist jung bleiben lassen. Ihre Kinder und Enkelkinder jedenfalls werden sich mit Ihnen freuen, wenn Sie diese Neugierde auch in Ihnen erkennen und diese vielleicht auch in einem gemeinsamen Hobby mit Ihnen teilen. Sei es bei einem Computerspiel, bei einem Besuch in einem Zoo, einem Museum oder wo auch immer.

Lasst euch die Kindheit nicht austreiben.

(Erich Kästner)[7]

Staunen wie ein Kind

Selbst in existentiell schwierigen Phasen wird Ihnen noch das Staunen über das Kleine im Großen möglich sein, wenn Sie keine Bitterkeit in Ihrem Herzen zulassen und sich damit eine Demut bewahren, die auch Sterbende, die nichts mehr zu verlieren haben, zu zeigen vermögen. Die wie Kin-

7 https://zitatezumnachdenken.com/alter

der nichts besitzen und nichts festhalten, sodass ihr Blick noch einmal Raum für all die kleinen Wunder gewinnen kann, die ihnen das Leben noch bis zu ihrem Lebensende zu bieten hat. So gibt es immer wieder Menschen, die kurz vor ihrem Tod noch sehr intensiv mit einem Blick aus dem Fenster über einen singenden lebensfrohen Vogel ein vergnügtes Staunen zeigen, das wir auch bei Kindern erkennen, wenn sie sich in ihrer Spielfreude selbst vergessen und somit nicht um sich selbst kreisen. Sterbende ähneln oftmals Kinder, weil sie keine äußeren Reichtümer begehren, mit denen sich Erwachsene oftmals nach dem Motto »hast du was, bist du was« nach außen hin darstellen, um die Beachtung ihrer Mitmenschen zu finden. Kinder sind noch offen für die Wunder des Lebens, zeigen sie doch noch kein Interesse, das Leben und ihre Mitmenschen auf strategische Weise zu berechnen.

Ja, sie leben uns eine Unbeschwertheit und Einfältigkeit vor, die uns gerade mit zunehmendem Lebensalter sehr guttun kann. Sie können in jedem Lebensalter wie ein Kind auch über sich selbst staunen, hat Gott uns alle doch so wunderbar geschaffen, dass wir den unglaublich komplexen Ablauf in unseren Körpern selbst niemals ganz verstehen und somit auch immer ein Wunder für uns selbst bleiben werden. Vor einem Gott, dem in seiner Vollkommenheit nichts unmöglich ist, sodass er Ihnen auch ein ewiges Leben schenken kann und will, über das Sie einmal so sehr staunen werden, dass Sie es kaum fassen können.

Bleiben Sie also in jedem Lebensalter offen für die Wunder des Lebens und verlernen Sie niemals das Staunen.

Impuls:

Überraschen Sie hin und wieder einen geliebten Menschen oder Ihre Angehörigen mit einem kleinen Geschenk, einem Witz oder einem Kompliment, dann dürfen Sie ein natürliches Staunen und eine Zuneigung bei Ihnen erleben, die Sie im Alltag, in einer zunehmend funktionalen und digitalisierten Welt oftmals vergeblich suchen. Bringen Sie Ihre Mitmenschen zum Staunen oder zum Lachen, indem Sie sie mit einem Kompliment, einer witzigen Anekdote oder einem Geschenk überraschen, dann werden Sie auch eine Zuneigung finden, die Ihnen selbst guttun wird.

Hierzu eine kleine Anekdote damit es nicht zu ernst wird:

Ein kleiner Junge gibt an: »Opa ist Pastor, drum nennen ihn alle Hochwürden.«

Ein anderer Junge prahlt: »Opa ist Kardinal, drum nennen ihn alle Eminenz.«

Da sagt ein anderes Enkelkind ganz trocken: »Mein Opa bringt stolze 200 Kilo auf die Waage und wenn er unter die Leute geht, dann nennen ihn alle ›Allmächtiger Gott‹.«

Verspielt und entspannt mit der letzten Lebenszeit umgehen

Kinder, die sich geborgen fühlen und keinen Druck von außen verspüren, gehen nach dem Erwachen begeistert, spontan und unbekümmert auf ihr Spielzeug zu, um das Spiel fortzusetzen, das sie am Abend zuvor beendet haben. Oftmals zeigen sie dabei eine solche Faszination und Begeisterung, dass sie sich nicht einmal Zeit für ein gemeinsames Frühstück mit ihren Eltern nehmen möchten. Eine Begeisterung, die Sie auch als Erwachsene in fortgeschrittenem Lebensalter zeigen können, wenn Sie sich nicht mehr den Erwartungen in der Berufswelt anpassen müssen und das tun können, was Ihnen sinnvoll erscheint und Ihnen wirklich am Herzen liegt. Nutzen Sie also die Zeit, in der Sie nicht mehr wie früher funktionieren müssen und folgen Sie den Sehnsüchten in Ihrem Herzen. Genießen Sie Ihre Freiheit und lassen Sie sich auch nicht dauernd von den digitalen Medien oder einem Smartphone über ein gewisses Maß hinaus vereinnahmen. Und glauben Sie nicht mehr, dass Sie dauernd erreichbar sein müssten oder etwas verpassen könnten, wenn Sie einmal nicht online sind. Lassen Sie Ihrer Kreativität und Ihrer Begeisterung freien Lauf. Sorgen Sie für innere Leichtigkeit und lassen Sie all den inneren Druck los, den Sie in einem langen Berufsleben vielleicht immer wieder auf unangenehme Weise gespürt haben.

Sitzen Sie als älterer Mensch in Ihrer Freizeit aber überwiegend am Computer oder starren Sie dauernd auf das Smartphone, vielleicht auch dann noch, wenn Sie Ihre Enkelkinder begleiten, dann werden diese sich auch nicht wirklich von Ihnen wahrgenommen fühlen und keine tiefere Beziehung zu Ihnen aufbauen können, sodass Sie in einer spürbaren Einsamkeit später selbst nach Ersatzhandlungen suchen, die Sie Ihnen einmal vorgelebt haben. Besser Sie spielen ein Spiel mit Ihnen, für das Sie sich beide begeistern können. Zumal Sie sicher auch selbst wissen, dass eine zu intensive Nutzung der digitalen Medien bei Kindern zu Entwicklungsstörungen führen kann. So können Sie auch im Alter einen sinnvollen Beitrag leisten, indem Sie Ihren Enkelkindern Angebote vermitteln, in denen sie einmal nicht am Computer sitzen oder auf ihr Smartphone sehen.

Als Kind ist jeder ein Künstler.
Die Schwierigkeit liegt darin,
als Erwachsener einer zu bleiben.

(Pablo Picasso)

Die Offenheit und Spontanität eines Kindes

Viele große Entdeckungen und Einsichten, die uns das Handeln in diesem Leben erleichtert haben, wurden nicht allein durch tiefe Denkprozesse erzielt, sondern oftmals einem offenen Herzen geschenkt, das für eine Eingebung von außen offen war (Aha-Effekt). Gerade Kinder zeigen noch diese große Offenheit in ihrem Herzen, wenn sie staunend und relativ gedankenlos in den Sternenhimmel schauen und von diesem so beeindruckt sind, dass sich ein gewisser Glanz in ihren Augen zeigt. Aber auch in höherem Alter müssen wir das Staunen nicht verlieren, wenn wir unabhängig von unserem körperlichen Zustand für die uns übersteigenden Ereignisse in unserem Herzen so offen bleiben wie ein Kind. Wenn wir unabhängig von unserer Lebenssituation und unserem Lebensalter darauf vertrauen, dass es in unserem Leben noch Erfahrungen geben kann und wird, die unsere Vorstellungen von dem, was kommen kann und wird, mit Sicherheit übersteigen werden.

Bleiben Sie also einfach offen für die zukünftigen Ereignisse, kreisen Sie nicht um Ihr Lebensalter, leben Sie möglichst im Augenblick und bleiben Sie offen für all die Überraschungen, die Ihnen das Leben noch zu bieten hat.

Impuls:

Weil sich das Leben zwar überdenken und planen, nicht aber kontrollieren und in seiner Tiefe fassen lässt, wird es Ihnen und uns allen guttun, wenn Sie in fortgeschrittenem Alter das Leben nicht zu sehr verplanen, sondern auch einmal spontan wie ein Kind etwas tun, dass Ihnen gerade in den Sinn kommt und Ihnen Freude bereitet.

Wie ein Kind, das sich mit all seiner Offenheit bei einem Aufeinandertreffen mit anderen spontan zu einer Aktion entschließt, die Freude verspricht.

Gerade in all den Momenten, in denen wir mit Kindern spielen und selbst wieder so selbstvergessen wie ein Kind werden, bleiben wir auch besser vor der Angst vor der eigenen Vergänglichkeit geschützt.

Bescheiden leben

Kinder, die sich bei ihren Bezugspersonen geborgen, verstanden und angenommen wissen, fühlen sich noch relativ ungebunden, sodass sie möglichst offen in eine von ihnen geliebte Welt hineingehen, in der sie sich gerne mit ihren

Gaben einbringen. Gewinnen sie im Laufe ihrer Entwicklung zunehmend an Identität, weil sie etwas leben, das sie lieben oder was sie mit ihrer Begabung in der Praxis umsetzen können, dann erleben sie auch eine innere Zufriedenheit und Freude, mit der sie besser vor Ersatzhandlungen wie einer Kauf- oder Spielsucht in ihrem späteren Leben geschützt sind. Fühlen sie sich aber innerlich leer, traurig, einsam, ausgegrenzt oder unzufrieden, dann versuchen sie vielleicht mit Hilfe von Suchtstoffen einen inneren Ausgleich zu erzielen, in ihrem Äußeren aufzufallen oder aber in ihrem Drang nach Anerkennung mit Dingen zu prahlen, an die sie bei einer entsprechenden inneren Zufriedenheit in diesem Maße erst gar nicht denken würden. Auch Sie als älterer Mensch vermögen gerade in Ihrer Zeit als Rentnerin oder Rentner noch so relativ frei und bescheiden wie ein Kind zu leben, wenn Sie in einer konsumorientierten Welt, die in vielerlei Hinsicht im Überfluss lebt und in der wir andere Nationen auch noch mit unserem Müll belasten, eine innere Zufriedenheit erfahren, die Sie so unabhängig wie möglich gegenüber Ersatzhandlungen bleiben lässt. So tun Sie auch in fortgeschrittenem Alter anderen und sich selbst etwas Gutes, wenn Sie sich solange wie möglich auf sinnvolle Weise an andere verschenken, sich nicht von materiellen Gütern oder einer anonymen Konsumindustrie abhängig machen, die mit ihrem freundlichen Umwerben nicht an Ihrer Gesundheit, sondern an Ihrem Geld interessiert ist. Ihre Enkelkinder jedenfalls, die womöglich heute auf der Straße gegen einen unzureichenden Umweltschutz demonstrieren, werden sich freuen, wenn Sie ihnen einen bescheidenen Lebensstil vorleben, mit dem Sie die Umwelt nicht belasten.

Impuls:

Alle politischen Diskussionen um eine gerechte Verteilung des Wohlstandes in unserer Gesellschaft brauchen wir in der Zukunft nicht mehr zu führen, wenn es uns nicht gelingt, so umweltschonend zu leben, dass die Umweltschäden für den Staat, die Versicherungen und die Bürger bezahlbar bleiben.

Umweltbewusstsein geht uns alle an.

Ungeweinte Tränen zulassen

Im Alter auf das Verhalten eines Kindes zu schauen, kann gerade dann, wenn wir uns innerlich blockiert und verzagt fühlen, sehr entlastend sein. Denn Kinder denken noch nicht so strategisch wie Erwachsene, handeln oft aus dem Bauch heraus und lassen ihren Tränen gerne freien Lauf. Großeltern oder Eltern, die vor ihren Kindern auch einmal weinen, belasten ihre Kinder nicht, wenn sie in dem Zusammenhang über ihre Gefühle sprechen und ihren Kindern damit auf realistische Weise signalisieren, dass die Welt trotz aller Freude weiß Gott kein Paradies ist. Diese Wahrhaftigkeit und Ehrlichkeit hilft den Kindern, weil sie in einer von Lügen durchzogenen Welt aufwachsen, in der wir uns leider immer mehr voneinander entfremden.

Sind wir als Kind in einem Umfeld aufgewachsen, in dem man uns unsere Tränen als Schwäche ausgelegt hat, sodass wir dafür belächelt oder als Weichei bezeichnet wurden, dann zeigen wir möglicherweise dieses Verhalten auch im Alter, obwohl wir uns doch in dieser Zeit mehr entspannen als anspannen sollten. Doch Tränen, die nicht fliesen können, machen unseren Körper hart und steif. Ja, sie können auf längere Zeit in der Seele zu einem Eisblock gefrieren und Menschen derart lähmen, dass sie sich daraufhin auch selbst immer weniger mögen und ablehnen. Spüren Sie gerade im fortgeschrittenen Alter in Ihrem Herzen einen Verlust oder eine Verletzung, dann drücken Sie diese doch einfach aus! Denn dadurch bleiben Sie innerlich im Fluss, sodass sich in Ihrem Inneren erst gar nicht so viel Blockierendes anstaut und Sie erst gar nicht in eine innere Starre gelangen, die Ihnen eine notwendige Offenheit und das so wichtige spielerische Ausleben auch im Alter erschwert. Letztlich macht es keinen Sinn, wenn Sie davon ausgehen, und diese Botschaften übernehmen wir gerne in der Kindheit, dass Sie nur dann stark sind, wenn Sie in traurigen Situationen keine Tränen vergießen. Hören Sie einfach nicht mehr auf die strengen Botschaften einst harter Bezugspersonen, die Sie einmal begleitet und keinen Gedanken daran verloren haben, dass uns die Fähigkeit zu weinen vom Leben selbst als ein Ventil mit auf unseren Lebensweg gegeben wurde, damit wir uns von unserer Trauer entlasten und distanzieren können. Lassen Sie also auch oder gerade im Alter dieses einstige offene und verzeihliche Kind in Ihnen aufleben, vergießen Sie auch einmal Ihre Tränen, gehen Sie doch gerade dann liebevoll mit sich um.

Auch Musik kann gefrorene Tränen zum Fliesen bringen. So können wir auch in hohem Alter berührende Musik wie einen Eisbrecher empfinden, der das gefrorene Eis in unserer Seele auftauen kann. Für begnadete Rockmusiker wie Mick Jagger oder Paul McCartney ist die Musik in einem Alter von über 70 Jahren noch immer ihr Leben, sodass sie eine Unbeschwertheit und Offenheit zu zeigen scheinen, wie wir sie auch von Kindern kennen. Musik kann gerade in fortgeschrittenem Alter eine sehr heilende und entspannende Wirkung zeigen. Also: Haben Sie heute schon Ihre Lieblings-CD gehört?

Es ist nicht nötig, dich deiner Tränen zu schämen.
Tränen zeugen davon,
dass auch ein Mann großen Mut besitzt –
Mut, um zu leiden.

(Viktor E. Frankl)

Sorgenfrei leben

Kinder, die Geborgenheit erfahren haben, fühlen sich relativ sicher und vertrauen darauf, dass sie das zum Leben wirklich Notwendige von ihren Eltern erhalten. Sie sorgen sich nicht und vermögen auch einem liebenden Gott zu vertrauen, wenn ihnen ihre Eltern, denen sie vertrauen, von ihm erzählen. Kinder kommen auf die Welt, nachdem sie bereits im Mutterleib vertrauen und gerade in diesem Urvertrauen eine Welt erobern, die ihnen von Gott anvertraut wird.

Versuchen wir aber als erwachsene ältere Menschen andere und uns selbst zu kontrollieren, dann ist dies Ausdruck von einem Misstrauen, dass unserem eigenen Entwicklungsprozess nur schaden kann. Sicher oftmals auch deswegen, weil wir uns in unserer Sehnsucht nach Mehr nicht in Gott beheimatet wissen und gerade deswegen Angst haben, diesem Leben ohnmächtig ausgeliefert und einer ewigen Vernichtung preis gegeben zu sein. Dabei haben wir in einem Leben, dass im Grunde stets an einem seidenen Faden hängt und wir in Wirklichkeit nicht kontrollieren können, immer die Möglichkeit nach einem liebenden Gott zu fragen, der sich in seiner Weisheit als die Antwort auf alle Ihre Fragen zu erkennen geben will. Ich jedenfalls wünsche Ihnen früher oder später eine Begegnung mit ihm, sodass Sie eine Heimat im Herzen erfahren, die Ihnen gerade in einer mehr und mehr ungeordneten und bedrohten Welt innere Ruhe, Zufriedenheit und Zuversicht schenkt. Vermögen Sie diesem Gott dann zu vertrauen, dann werden Sie sich auch weniger im Leben sorgen. Heißt es doch im Neuen Testament, dass wir alle Sorgen auf ihn werfen sollen, weil er für uns sorgt (1. Petr 5,7).

Frohe Menschen, die gerade in einer bedrohten Welt an einen endgültigen Sieg durch einen und mit einem liebenden Gott glauben, sprechen mit Gott über ihre Probleme. Dadurch gewinnen sie innere Entspannung, weil sie von einer geschenkten Hoffnung leben, von der sie wissen, dass sie diese mit ihrem Willen nicht erzeugen können. Dies soll uns natürlich nicht dazu verleiten, die Hände in den Schoß zu legen und nichts gegen eine zunehmende Umweltzerstörung zu tun. Nein, es soll heißen, dass wir gerade aus Liebe zu einer Schöpfung, die ein Schöpfer geschaffen hat, diese Welt vor einem drohenden Umweltkollaps bewahren. Unabhängig davon, wie alt wir sind.

Die eigenen Schwächen zulassen

Kinder zeigen sich in manch unbekannten, nicht vertrauten Situationen oftmals zurückhaltend oder mutlos, sodass sie die Nähe und den Beistand ihrer Eltern suchen. Geben die Eltern ihrem Kind dann zu verstehen, dass sie ihm das Überwinden eines Hindernisses zutrauen, dann wird das Kind auch das Vertrauen finden, das es braucht, um die bevorstehenden Herausforderungen mit Mut anzugehen.

Erwachsenen hingegen fällt es manchmal schwer aufgrund eines gewissen Stolzes, einer vorhandenen Eitelkeit oder aus Angst, von anderen abgelehnt zu werden, sich zu öffnen und zu den eigenen Schwächen und Ängsten zu stehen. Dies gilt natürlich auch für den eigenen Alterungsprozess, auch wenn die Ängste gerade in der letzten Lebenszeit zum Leben dazugehören. Letztlich bauen wir gerade dann Vertrauen zu unseren Bezugspersonen auf, wenn wir ehrlich gegenüber anderen und uns selbst sind. Gerade in einer Welt, in der die Äußerlichkeiten eine zu große Rolle spielen. Da wir aber im Alter unabhängiger von der Bewertung und der Anerkennung durch andere sind, haben wir allen Grund offen mit unseren Ängsten und Schwächen umzugehen, zumal wir gerade in dieser Zeit mehr auf die Hilfe unserer Mitmenschen angewiesen sind. Gehen wir also offen und ehrlich mit einer Erkrankung oder belastenden Konflikten um. Sprechen wir sie direkt an, damit wir nicht ständig um sie kreisen und Abstand von ihnen gewinnen. Fressen wir unsere Belastungen ausschließlich in uns hinein, dann verstärken wir unsere seelischen und körperlichen Schmerzen. Lassen wir unsere Schwachheit zu, dann kommen wir erst gar nicht in die Versuchung, uns wie ungeliebte Kinder zu verhalten, die mit einer Krankheit Liebe zu erzwingen versuchen.

Folgende tröstende Worte zu diesem Thema finden wir auch im Neuen Testament: »Lass dir an meiner Gnade genügen; denn meine Kraft vollendet sich in der Schwachheit. Darum will ich mich am allerliebsten rühmen meiner

Schwachheit, auf dass die Kraft Christi bei mir wohne.« (2. Kor 12,9)

Nachhaltig leben

Kinder brauchen nicht viel, um glücklich zu sein. Gehen sie mit ihrer Neugierde einem Hobby nach oder sind sie einem Geheimnis auf der Spur, dann strahlen sie in ihrer Selbstvergessenheit eine Freude aus, die anziehend auf andere wirkt und den Umstehenden oftmals ein gewisses Lächeln abzuringen vermag. Kinder brauchen keinen Besitz, um glücklich zu sein.

Besitzen Sie als älterer Mensch viel Eigentum, dann brauchen Sie bei schwindender körperlicher Kraft sicher auch immer mehr Zeit, um diesen zu pflegen. Dazu kommt, dass Ihre Kinder, die eigene Pläne schmieden, oftmals nicht die Zeit oder auch den Willen besitzen, einmal all das Überflüssige und Angehäufte zu entsorgen, dass Sie im Laufe Ihres Lebens angesammelt haben. Deswegen können Sie sich fragen, ob Sie auch wirklich all das brauchen, was sie im Laufe der Zeit gekauft und angehäuft haben. Zudem müssen Sie auch für die Pflege des Besitzes eine gewisse Menge an Energie aufbringen, den Sie in einer zunehmend bedrohten Welt auch einsparen könnten. Gibt es doch schon genug überflüssigen Müll auf dieser Welt, mit dem wir nicht nur die Umwelt belasten, sondern mit dem wir auch die Gesundheit all derer gefährden, die in armen Ländern bei Kinderarbeit für einen Hungerlohn dafür schuften. Menschen in Klöstern beispielsweise, die in einer Gemeinschaft leben und nur wenig besitzen, leben uns vor, dass wir mit einer entsprechenden Einstellung auch ohne viel Besitz sehr alt werden und zufrieden leben können, wenn wir bereit sind, uns auf das Wesentliche zu besinnen. Sicher kann Besitz zweckdienlich sein, damit wir uns gewisse Wünsche erfüllen können, dennoch finden wir das tiefste Glück in unserem Herzen in einer Liebe gegenüber Gott, unseren

Mitmenschen und uns selbst. Fragen Sie sich also, ob Sie auch wirklich all das brauchen, was Sie besitzen oder ob Sie nicht auch vieles unnötig besitzen, weil Sie sich von Gütern einen inneren Wert versprechen, den es in seiner vergänglichen Weise so ohnehin nicht gibt, und ob Sie an gewissen Dingen vielleicht auch deswegen festhalten, weil Sie sich innerlich leer und einsam fühlen und in Wahrheit Angst vor einer entlastenden Veränderung haben.

Sich ausleben

Kinder lieben ihre Bezugspersonen, weil sie da sind, ihnen Geborgenheit schenken und nicht, weil sie etwas darstellen. Fühlen sich Ihre Kinder bei Ihnen frei und ungezwungen, dann sind sie auch relativ sie selbst und zeigen sich so, wie sie sind. Auch dann, wenn es ihnen mal nicht so gut geht. Stehen sie Ihnen aber misstrauisch gegenüber, dann werden sie sich unter Umständen nicht einmal in der Zeit, in denen es ihnen schlecht geht, Ihnen gegenüber öffnen. Fühlen sie sich aber bei Ihnen geborgen, dann vermögen sie sich loszulassen, unbeschwert zu schreien, zu toben und zu weinen, sodass sie sich nicht so verbiegen, wie wir dies als Erwachsene aufgrund äußerer Zwänge oftmals tun. Leben Ihre Kinder in einem Umfeld, in dem sie sagen können, was sie denken, dann werden sie sich dem Leben auch eher verbunden sehen, sodass sie in späteren Jahren ihre Überzeugungen bereits in der Grundschule zum Ausdruck bringen können. Dann können sie sich auch in höherem Alter trotz einem gewissen Anpassungsdruck noch relativ spontan, unbekümmert und neugierig zeigen. Versuchen wir ihnen aber auf autoritäre Weise zu sehr den Mund zu verbieten, weil wir nicht von ihnen gestört und unsere Ruhe haben wollen, dann töten wir auch das Kind in uns selbst, das wir für ein möglichst freies Leben im Alter brauchen und das viel zu viele Menschen in ihrem reinen Funktionieren vermissen lassen.

Menschen zeigen sich oftmals aggressiv, weil sie in sich selbst spüren, dass ein Kind in ihnen zerbrochen ist, das einmal froh und glücklich sein wollte, aber aus einer inneren Angst und Gehemmtheit heraus nicht konnte. Dabei ist es doch gerade in hohem Alter so angenehm, nicht kindisch, sondern so offen und frei wie ein Kind zu sein. Eine einfältige Offenheit zu beherzigen, die in jedem Lebensalter so angenehm und vertrauenswürdig erscheint. Sollte Ihnen im fortgeschrittenen Alter noch einmal verstärkt bewusstwerden, wie sehr Sie sich in Ihrer Kindheit unterdrückt fühlten, dann haben Sie jetzt noch einmal die Möglichkeit, all das aus- und anzusprechen und auch auszuprobieren, was Ihnen auf der Seele liegt. Bietet sich doch gerade jetzt die Chance, die einstige Leichtigkeit und Ungezwungenheit Ihres einstigen unbeschwerten Kindes in Ihr Leben mehr als bisher zu integrieren. So kann Ihre Seele so beflügelt werden, dass Sie vielleicht noch einmal zu ganz neuen Ufern aufbrechen können.

Versuchen Sie also Ihre einst unbeschwerte Kinderseele zurückzugewinnen und nicht mehr dieses kühle Funktionieren und Anpassen zu zeigen, das man beispielsweise auf dem Arbeitsplatz im Umgang oder Werben um Ihre Kunden von Ihnen erwartet hat. Tun Sie heute das, was sie wollen, und nicht das, was sie glauben, tun zu müssen. Seien Sie Sie selbst und hören Sie auf, anderen und sich selbst etwas vorzumachen. Seien Sie offen wie ein Kind in einer Welt voller Fake News und sagen Sie, was Sie denken. Sie haben nichts zu verlieren. Drücken Sie Ihre Gefühle aus und seien Sie ein echter und vertrauenswürdiger Mensch, der Vertrauen stiften kann und den auch Gott in seiner Liebe in einer Welt voller Lügen in Ihnen sehen möchte.

Funktionieren Sie aber weiterhin so gewohnt und angepasst wie in Ihrem früheren beruflichen Alltag, dann erstarren Sie auch mehr und mehr in Ihrer Seele und verlieren den Glanz in Ihren Augen, den Kinder zeigen, wenn sie sich unbeschwert fühlen und mit einem offenen Herzen über das Geheimnisvolle im Leben staunen.

Impuls:

Geben Sie Ihrem nach Freiheit strebenden, aber einst unterdrückten inneren Kind heute mehr Raum, dann würdigen Sie sich selbst und werden die oder der, wie Gott Sie gemeint hat. Ein relativ freier Mensch, der aus Liebe zu sich selbst bereit ist, für seine eigene Freiheit zu kämpfen. Zumal Sie Ihr Leben irgendwann gerade dann besser loslassen können, wenn Sie sich ausgelebt haben und nichts bereuen.

Wenn wir ganz und gar aufgehört haben,
Kinder zu sein,
dann sind wir schon tot.

(Michael Ende in »Die unendliche Geschichte 8«)

Die Beziehung zu den Enkelkindern

Zuversichtliche und umweltbewusste Vorbilder

Wie schön ist es doch, wenn Ihre Mitmenschen auch in höherem Alter noch immer das unbeschwerte Lächeln eines einstigen Kindes in Ihnen erkennen, das deswegen in Ihnen lebendig geblieben ist, weil Sie trotz aller Enttäuschungen in Ihrem Leben nicht bitter oder verzweifelt geworden sind und Sie sich eine innere Freude und Dankbarkeit deswegen bewahrt haben, weil es Ihnen trotz unerwünschter Umstände in Ihrem Leben immer wieder gelungen ist, Ja zu Ihrem Leben zu sagen. Auch weil Ihnen bewusstwurde, dass es keinen Sinn macht, wenn Sie Ihre Lebensfreude von der Anerkennung der anderen abhängig machen und selbst davon ausgehen, dass Sie wie alle anderen auch ein Kind Gottes sind (1. Joh 3,2), das einen unbezahlbaren Wert besitzt und den Ihnen auf dieser Welt auch kein Mensch zu- oder absprechen kann. Und wie schön ist es für Ihre Mitmenschen, Ihre Kinder und Enkelkinder, wenn sie in Ihrem Gesicht und in Ihren Worten eine Milde und Zuversicht erkennen, die auch jüngere Menschen in einer von Konflikten überzogenen Welt entspannter auf ihre eigene Zukunft blicken lässt. Zumal gerade sie mehr als andere in einer Welt der Schönheitsideale leben, in der sich viele Jugendliche oftmals zu Tode hungern, weil sie es aufgrund eigener fehlender Werte und psychischer Defizite nicht lassen können, Idealen und Erfolgen nachzueifern, zu denen sie keine Nähe und deren Erfolge und Anerkennung sie niemals erreichen werden.

Und wie entlastend wird es wohl für junge Menschen sein, wenn sie in Ihrem Großvater oder in Ihrer Großmutter einen authentischen, bescheidenen, vertrauenswürdigen, verständnisvollen Menschen sehen, an denen sie sich in ihrer inneren Not wenden können. Insbesondere auch deswegen, weil viele Kinder heute nicht nur Angst vor einer globalen Umweltkatastrophe haben, sondern weil sie auch noch von Computerspielen abhängig sind, in denen sie auch den Kontakt zu einer erholsamen Natur verloren haben, die gerade jetzt die Unterstützung von uns allen braucht. Eine Natur, in der es so vieles zu entdecken, zu genießen und zu erleben gibt. Zudem werden Ihre Kinder und Enkelkinder zufrieden sein, wenn sie sich gegenüber Ihren Zukunftssorgen offen zeigen und selbst ein Leben führen, in dem der Umweltschutz eine große Rolle spielt.

Als Großeltern ein Segen für die Enkel sein

Sind Sie im Alter in der Lage, Ihren Enkeln mit Verständnis und einer gewissen Milde, nicht aber belehrend oder vorwurfsvoll zu begegnen, dann strahlen Sie eine Ruhe aus, die Ihren Enkeln guttun wird und an die sie sich in ihren späteren eigenen Krisenzeiten auch gerne erinnern werden. Großeltern oder Eltern, die Ihren Kindern vorleben, dass Ihnen liebevolle Beziehungen wichtiger sind als all die vergänglichen Schönheitsideale, Besitztümer und Idole dieser Welt, gehen ihnen mit gutem Beispiel voraus. Leben Sie ihnen aber vor, dass es in diesem Leben in erster Linie darum geht, sich gegen andere durchzusetzen und diese gegebenenfalls auch zu unterdrücken, um eigene Ziele zu erreichen, dann signalisieren Sie ihnen, dass es Ihnen nichts ausmacht, Ihre Mitmenschen zu bekämpfen. Wie aber wollen wir mit einer solchen Lebenseinstellung beispielsweise in einem Seniorenheim klarkommen, wenn Ihnen dort gerade die Gemeinschaft ein letzter großer Halt sein kann? Gehen Sie hingegen so früh wie möglich mit Gott, Ihrem

Nächsten und sich selbst liebevoll um, dann werden Sie auch ein Segen für Ihre Mitmenschen und Ihre Enkelkinder sein können. Zumal die derzeit heranwachsende Generation eine große Last auf Ihren Schultern trägt, für die auch die vorherige Generation eine gewisse Mitverantwortung trägt.

Es wird unserer Gesellschaft guttun, wenn wir als ältere zufriedene Menschen den Kontakt zu jungen haltlosen Menschen pflegen. Vermögen wir doch mit unserer Lebenserfahrung und einer positiven Einstellung auch gut eine Funktion als Ersatzmutter oder Ersatzvater auf all die Jugendlichen auszustrahlen, die sich von ihren Eltern enttäuscht zurückgezogen haben, weil diese sie gedemütigt, missbraucht und unterdrückt haben. Zudem würden wir als ältere Menschen im Gespräch mit unseren Enkelkindern oder anderen jungen Menschen weniger an unsere begrenzte Lebenszeit denken und all die Zeit, die uns noch zur Verfügung steht, sinnvoll nutzen können. Beispielsweise indem wir junge Menschen in einer zunehmend populistischen Zeit, in der auch eine Verrohung in der Sprachkultur und im mitmenschlichen Umgang festzustellen ist, zu einer toleranten Haltung ermutigen, mit der sie sich für die Gemeinschaft und den Erhalt einer wenn auch nicht makellosen Demokratie einsetzen, die sich nach dem 2. Weltkrieg bis heute sehr bewährt hat.

Kinder wären in ihrer Unerfahrenheit den unvorhersehbaren Situationen in ihrem Leben schutzlos ausgeliefert, wenn sie sich nicht an Eltern oder Großeltern wenden könnten, die sie beschützen, denen sie vertrauen und auf die sie sich verlassen können. Erfahren sie doch so eine innere Sicherheit und Geborgenheit, die ihnen auf ihrem oftmals gefährlichen und ungewissen Lebensweg innere Sicherheit verleihen und sie zuversichtlich stimmen. Zudem werden sie sich, wenn sie selbst einmal Großeltern werden sollten, an das fürsorgliche Verhalten ihrer Großeltern erinnern und somit auch die Liebe weitergeben können, die sie von ihnen erhalten haben. Neben einem Vertrauen, das sie in einer Welt voller Fake News, die nichts als Misstrauen, Spaltung und Entfremdung schaffen, so dringend brauchen.

Alternde Menschen sind wie Museen:
Nicht auf die Fassade kommt es an,
sondern auf die Schätze im Innern.

(Jeanne Moreau)

Die Enkelkinder besuchen

Gerade Kinder in ihrer selbstvergessenen Art vermögen uns anschaulich darzustellen, was Genießen in tieferem Sinne heißt. Kinder können Sie im Alter seelisch jung halten, wenn Sie denn einen vertrauten Umgang mit ihnen pflegen. Begeben Sie sich bei einem Besuch dann noch auf die Ebene Ihres Enkelkindes, sprechen Sie möglichst unbefangen seine Sprache und lesen ihm dabei noch ein Märchen vor, das es verzaubern kann, dann werden Sie ein Leuchten in den Augen Ihres Enkelkindes sehen, das dann auch völlig unbeabsichtigt auf Sie zurückfallen kann. Schön wäre es für Sie vielleicht auch, wenn Sie Ihr Enkelkind zu sich nach Hause einladen und es an Ihren Hobbys, die sie selbst lieben, beteiligen, wenn es denn dazu bereit ist. Vorausgesetzt, Ihre eigenen Kinder möchten das Verhältnis zwischen Ihnen und Ihren Enkelkindern fördern.

Wenn ihr nicht werdet wie die Kinder,
könnt ihr das Himmelreich nicht sehen.

(Mt 18,3)

Selbstliebe

Sich selbst lieben

Unbeschwerten Kinder fällt es nicht schwer, sich froh und verspielt im Spiegel anzuschauen. Haben sie aber tiefere Verletzungen erfahren oder wurden sie von außen zu sehr fremd bestimmt, unterdrückt oder gestylt, indem man ihnen sagte, wie sie sich nach der Vorstellung ihrer Bezugspersonen zu verhalten oder auszusehen haben, dann verzerren sie das relativ neutrale Bild, das sie von sich selbst besitzen, zum Negativen. Dann werden sie nicht sie selbst werden können, sodass sie, ohne es recht zu merken, auf eine schleichende Weise in eine Selbstablehnung gelangen, mit der sie dann ihr Selbstbewusstsein verlieren und alle anderen schöner und attraktiver finden als sich selbst. Dies aber wiederum kann sie in einer Welt der Schönheitsideale nicht nur in sich selbst isolieren, sondern sie auch zu Neid, Aggression und Missgunst bewegen, durch die sie mit anderen umso mehr konkurrieren oder diese regelrecht bekämpfen.

Kinder brauchen von ihren Begleitpersonen die Botschaft, dass sie, so wie sie sind, gut sind und dass sie auch dann geliebt werden, wenn sie etwas getan haben, das nicht den Vorstellungen ihrer Bezugspersonen entspricht. Nur so vermögen sie glücklich mit sich selbst zu sein. Ist Ihnen aber als älterer Mensch bewusst, dass Sie in Ihrer Kindheit viele negative Botschaften erhalten haben, dann sollten Sie sich heute gegen all die Menschen wehren, die Sie respektlos, entwürdigend und verächtlich behandeln. Sei es in einem Seniorenheim, zu Hause oder wo auch immer. Sorgen Sie daneben auch gut für sich selbst und fragen Sie sich, wie Sie so liebevoll wie möglich im Alter mit sich umgehen und wie Sie Freude im Umgang mit anderen Menschen finden können.

Wurden Sie in Ihren Kindertagen Ihrer Selbstbestimmung beraubt, in dem Sie von außen massiv vereinnahmt wurden, dann müssen Sie sich dieser Erfahrung und diesem Missbrauch auch in fortgeschrittenem Alter nicht ergeben. Dann haben Sie immer noch die Möglichkeit im Gebet auf einen liebenden Gott zuzugehen, der fürsorglich für Sie da sein und Ihnen sagen möchte, dass Sie so, wie sie sind, schön und liebenswert sind und Sie allen Grund haben, sich aus einer gesunden Selbstachtung heraus schön zu kleiden. Verinnerlichen Sie dies, dann finden Sie auch wieder mehr Freude an sich, sodass auch andere mehr Freude an Ihnen haben werden.

Lächeln Sie sich ruhig einmal öfter im Spiegel an, damit Ihnen bewusstwird, ob Sie sich auch gefallen oder nicht und was Sie gegebenenfalls noch tun könnten, damit Sie sich entspannt, wohlwollend und zufrieden in die Augen sehen können. Folgen Sie dem Gedanken, dass älter sein nicht bedeutet unansehnlich zu sein. Ist man doch schön, solange man unabhängig vom Alter aus innerer Freude strahlt.

Gut mit sich selbst umgehen

Finde dich liebenswürdig
und du wirst weniger um die Anerkennung deiner Mitmenschen kämpfen.
Sei ehrlich zu dir und du wirst andere weniger belügen.
Sei barmherzig zu dir und du wirst mehr Verständnis für deine Mitmenschen haben.
Vergib dir und du wirst andere weniger richten.
Sei liebevoll zu dir und du wirst barmherziger zu anderen sein.

Lach immer mal über dich, und du wirst anderen nicht so ernst gegenübertreten.
Nimm dich so an, wie du bist, und söhne dich aus, damit du nicht andere anklagst, um dich selbst zu beruhigen.
Nimm deine dunklen Seiten in dir an und steh zu ihnen, damit du auch andere in ihren inneren Abgründen verstehen kannst.
Sprich über deine Trauer und weine dich aus,
damit sich das Schmerzhafte in dir lösen kann und du in einer Freiheit bleibst,
die dich weich und nicht hart gegenüber anderen und dir selbst bleiben lässt.

Der Wahrheit ins Auge sehen

Je versöhnter, liebevoller und zufriedener wir in unserem Herzen gesinnt sind, desto eher sind wir in der Lage, Gutes zu tun. Lassen wir aber Bitterkeit und Rachegefühle dauerhaft in unserem Herzen zu, ohne dass wir bereit sind, uns zu versöhnen, dann können wir in der Tiefe unseres Geistes so blind und kalt werden, dass unser Mitgefühl für unseren Nächsten schwindet und wir das Schöne in der Welt nicht mehr erkennen. Gehen wir also liebevoller und ehrlicher mit uns um. Stehen wir zu unseren eigenen Fehlern und Schwächen und lassen wir von dem Irrglauben ab, dass wir uneingeschränkt gute Menschen sind. Werden wir ehrlich und geben wir unseren Hang zu Rache und Missgunst in unserem Herzen zu, damit wir nicht zu sehr davon vereinnahmt werden. Denn nur, wenn wir uns zu der inneren Armut und dem lieblosen Verhalten in uns bekennen, sind wir auch in der Lage, offen für die Armut unserer Mitmenschen zu sein. Gewalt, Selbstgerechtigkeit, Verlogenheit, Egoismus, unterdrückende Autorität und Unversöhnlichkeit gegenüber anderen und uns selbst hat noch niemandem auf Dauer Freiheit beschert. Der Frieden in der Welt jedenfalls fängt immer in uns selbst an. Durch ein wahrhaftiges ehrliches Verhalten und die Bereitschaft, uns mit anderen und uns selbst zu versöhnen. Gerade in einer Welt der Fake News, in der die Wahrheit oftmals mit Füßen getreten wird. Eine Wahrheit, die uns in ihrer Fülle zu sagen versucht, dass mit Liebe alles am besten gelingt und dass sie uns regelrecht freimachen kann, wenn wir uns nur ehrlicher, weniger stolz und selbstgerecht verhalten würden. Wachen wir auf, werden wir ehrlich und streben wir mehr Liebe an, nicht nur zur Umwelt, sondern auch zu uns selbst. Denn diese Welt braucht nicht nur mehr Umweltschutz, sondern auch mehr Seelenschutz. Und damit ein Vertrauen, das mit einem zunehmenden Misstrauen nur an Kraft verliert, das aber notwendig ist, um unsere Beziehungen und die Welt zusammenzuhalten. Vertrauen ist ein tragendes Fundament, auf dem unser Lebenshaus auch in schweren Stürmen, Bedrohungen und Versuchungen am besten stehen kann.

Umgang mit Angst, Aufregung und Unruhe

Kein Mensch ist völlig frei von Angst und vieles in unserem Leben verläuft anders, als wir uns dies wünschen. So wird es auch immer unerwünschte Ereignisse und Begegnungen in unserem Leben geben, die wir bei einer Aufregung auch an einem unterschiedlichen Pulsschlag oder an einem nicht immer konstanten Blutdruck erkennen können. Ja, viele Einflüsse in unserem Leben lassen sich einfach nicht berechnen, vorhersagen oder auch nicht immer kontrollieren, sodass wir auch nie völlig ausgeglichen sein können und uns gewissen Umständen anpassen müssen. Manchmal werden wir, ohne dass wir das merken, im Alter an leidvolle Erfahrungen erinnert, an die wir uns oftmals gar nicht mehr erinnern möchten. Deswegen kann es hilfreich sein, wenn wir uns in diesem Falle an einen vertrauensvollen

Ansprechpartner, einen Mitmenschen oder Gott, wenden können, dem wir uns an jedem Ort der Welt mit all unseren Problemen anvertrauen können. Denn es ist Gott, der die Tiefe unseres Unbewusstes kennt und bis heute viele Menschen auch spontan geheilt hat.

Sie sollten sich vor Augen halten, dass jede Aufregung oder auch Angst wie eine aufsteigende Welle ist, die wieder abflachen wird, sodass Sie auch nicht befürchten müssen, von ihr ohnmächtig zu werden. Auch wenn wir uns einsam und verloren fühlen, kann Angst in uns aufsteigen, sollten wir uns in diese Situation hineinsteigern und keinen Halt finden. Eine Angst, die wir vielleicht schon einmal in der Kindheit erlebt haben, als wir alleine in einem Zimmer waren und uns vor einem Gewitter ängstigten, um hier ein Beispiel zu nennen. Auch wenn wir uns in einer Beziehung von einer Person abhängig machen, sodass wir ohne sie kaum noch lebensfähig sind, können wir nach einer Trennung von diesem Menschen eine Angst entwickeln, die es zu bearbeiten und anzunehmen gilt. Eine Angst, die oftmals auch eine Menge an fantasievolle Bilder in uns aufsteigen lässt, wenn wir uns schon in der Kindheit zu sehr von unseren Bezugspersonen verlassen fühlten. Ausgleichen können wir diese Ängste am besten, wenn wir ein Vertrauen zu Gott und vertrauenswürdigen Menschen aufbauen und gleichzeitig ein Mehr an Unabhängigkeit einüben. Ist doch Vertrauen ein seelisch-immunstärkendes Medikament, das uns im Kampf gegen die Angst enorme Widerstandkräfte verleiht. Suchen Sie also im Alter bewusst Menschen auf, denen Sie vertrauen können, sollten Sie unter starken Ängsten leiden. Richten Sie Ihr Interesse aber allein auf beruhigende Medikamente ohne vertrauenswürdige Kontakte zu pflegen, dann müssen Sie mit einer Isolation rechnen, die Sie dann auch sehr depressiv stimmen kann.

Vertrauen tut uns allen gut. Denn je mehr wir in einer Gesellschaft unser Vertrauen in ein Misstrauen verwandeln, desto mehr erleben wir eine Entfremdung, die den

Zusammenhalt der Menschen in der Gesellschaft insgesamt schwächt.

Sinnkrisen im Alter überwinden

Leidvolle Erfahrungen überwinden wir gerade dann, wenn wir aufhören, uns ganz in unserem Leid zu verschließen und damit beginnen, unser Herz zu öffnen, indem wir unsere schmerzhaften Erlebnisse an andere weitergeben und sie mit ihnen teilen. Vermag doch nicht nur die Freude, sondern auch geteiltes Leid miteinander zu verbinden. Leiden wir beispielsweise sehr unter dem Tod eines Angehörigen und geraten dadurch in eine Sinnkrise, dann sollten wir uns bewusstmachen, dass wir einerseits zwar schwach sein dürfen und auch sollten, andererseits der Verstorbene aber aus Liebe zu uns nicht wollen wird, dass wir unter seinem Tod leiden. Nein, er würde sich sicher wünschen, dass wir gerade aus dieser Situation das Beste machen, unser Leben neugestalten und auf diese Weise innere Stärke zeigen und uns eben nicht dauerhaft vom Leid beherrschen lassen. Unabhängig davon sollten wir den Tod in unser Leben integrieren, indem wir uns unsere Todesangst eingestehen, nicht aber zulassen, dass diese zu einem langfristigen Gefängnis wird. Im Überwinden der Ängste können wir ein Vertrauen gewinnen, das uns bei allen Entwicklungen in unserem eigenen Leben durch alle Schmerzen und Leiden hindurch helfen kann. Öffnen wir uns dann noch für den Glauben an einen liebenden Gott, an Jesus, den größten Sinnstifter aller Zeiten, dann zeigen wir keine konservative, sondern eine konsequente Haltung auf, mit der wir nicht nur uns selbst, sondern auch andere aufrichten können, sollten wir ihnen vorbildlich begegnen, für ihr Seelenheil beten und ihnen eine Zuversicht vorleben, mit der sie zu einer Auseinandersetzung mit der Sinn- und Gottesfrage finden.

Wer im Alter unter einer Sinnkrise leidet oder suizidalen Gedanken hegt, dem möchte ich das Buch »Trotzdem Ja zum Leben sagen« von Viktor E. Frankl empfehlen, der als Psychologe das Konzentrationslager erlebt hat. In seinem Buch analysiert er, wie sich der Alltag in der Seele der Menschen gespiegelt hat und mit welchen Strategien sie um ihre Lebenserhaltung gekämpft haben. Wichtig war Viktor E. Frankl, dass Menschen einen Sinn bzw. ein Wofür brauchen, damit sie auch in schwierigen und grausamen Umständen noch Ja zum Leben sagen können. Ein Buch, dass auch Walter Kohl, Unternehmer und Autor, Sohn des ehemaligen Bundeskanzlers Helmut Kohl, auf eine gewisse Weise das Leben gerettet hat, so seine Ausführungen in dem Vortrag, den ich vor Verfassen dieses Textes hören durfte. Auch ihm noch einmal Dank für seinen Einsatz als Schirmherr von Frans, dem Frankfurter Netzwerk für Suizidprävention.

Der Suizid meiner Mutter und der Umgang mit meiner eigenen Suizidalität haben mir gezeigt, dass Suizid jeden betreffen kann. Heute ist Suizidalität immer noch ein Schattenthema in unserer Gesellschaft. Ich will daran mitarbeiten, diese Situation durch Aufklärung zu verbessern.

Walter Kohl[8]

Hoffnung auf ein besseres Leben

Ein Gedicht von Reiner Maria Rilke

Wenn Du denkst, es geht nicht mehr,
kommt irgendwo ein Lichtlein her.
Ein Lichtlein wie ein Stern so klar,
es wird Dir leuchten immer da.

8 https://www.deutsche-depressionshilfe.de/ueber-uns/die-stiftung/walter-kohl

Wird zeigen Dir den Weg zurück,
den Weg zu einem neuen Glück.
Drum glaub daran – verzage nie,
es geht schon weiter – irgendwie.
Und mit Willen, Kraft und Mut,
wird dann alles wieder gut.
Du musst nur immer fest dran glauben
und lass Dir nur den Mut nie rauben.
Es gibt für alles einen Weg,
und sei's auch nur ein kleiner Steg.
Es gibt nun mal nicht nur gute Zeiten,
das Leben hat auch schlechte Seiten.
Doch wie bist Du stolz, wenn Du's geschafft,
aus Sorgen und Nöten – mit eigener Kraft,
herauszukommen, was Du nie geglaubt,
da man Dich sooft schon der Hoffnung beraubt.
Doch die Hoffnung auf ein besseres Leben,
die lasse Dir bitte niemals nehmen.
Denn wenn Du denkst es geht nicht mehr,
kommt irgendwo ein Lichtlein her.

Vorsorge ist besser als Nachsorge

Wichtig ist, dass wir gerade im Alter auch aufgrund einer Liebe zu uns selbst all die wichtigen Dinge, die wir noch klären möchten, erledigen. Denn unser Leben hängt, ob wir das wollen oder nicht, an einem seidenen Faden, sodass wir heute nicht wissen, ob wir morgen noch leben werden. Haben wir die wesentlichen Dinge wie die Versöhnung mit einem Menschen, das Regeln der Erbangelegenheiten oder andere wichtigen Themen für uns geklärt, dann werden wir auch entspannter schlafen können. Zudem haben wir auch in Zukunft die Möglichkeit, am Ende des Tages noch einmal zu überprüfen, ob es noch etwas Wichtiges gibt, das uns auf der Seele brennt, das uns unruhig werden lässt und das wir noch regeln möchten. Zudem wird es sicher uns allen guttun, wenn wir uns nicht über Banalitäten aufregen, die unserer Gesundheit schaden oder einen Heilungsprozess negativ beeinflussen. Machen Sie sich also nicht mehr wegen Kleinigkeiten verrückt und hören Sie auf, falls Sie dazu neigen, aus Mücken Elefanten zu machen. Nehmen Sie Ihre Grenzen ernst und sagen Sie Nein, wenn Sie das Gefühl haben, dass Sie etwas überfordern könnte. Atmen Sie in Stresssituationen entspannt ein und aus. Insbesondere dann, wenn Sie spüren, dass Sie eine Pause brauchen, weil Sie im Körper Schmerzen oder Verspannungen wahrnehmen, die Ihnen Ihre Seele als Warnsignal zu senden weiß. Setzen Sie sich nicht unnötig unter Druck, bleiben Sie entspannt und gehen Sie gut mit sich um. Ich jedenfalls habe in meinem Leben zwei mir nahestehende jüngere Männer als mich gekannt, die einen grippalen Infekt zu wenig ernstgenommen und diese Erkrankung so verschleppt haben, dass sie auch zum Leid ihrer Angehörigen viel zu früh verstorben sind. Halten Sie sich vor Augen, dass sie in fortgeschrittenem Lebensalter niemandem mehr beweisen müssen wie leistungsfähig oder attraktiv Sie doch sind. Lassen Sie einfach keine unnötige unangemessene Eile und keinen Leistungsdruck mehr zu. Ich jedenfalls wünsche Ihnen viel Erfolg dabei. Das haben Sie verdient.

Seelenschutz und Umweltschutz

Wir fühlen uns in diesem Leben geborgener und sicherer, wenn wir durch unseren Glauben an Gott oder durch das Wissen um gute verlässliche Familienangehörige oder Freunde Heimat in unserem Herzen finden. Finden wir aber unabhängig von unserem Alter keinerlei Seelenschutz, bleiben wir innerlich heimatlos, leer und einsam. Dann versuchen wir die aufkommende innere Leere oftmals mit stoffgebundenen oder materiellen Gütern zu füllen, mit denen wir dann auch noch, wenn auch nicht in so großem Maße, völlig unnötig die Umwelt belasten. Bekommen wir innerlich nie genug, weil wir in einer zunehmend individualisierten Gesellschaft auf der Beziehungsebene, insbesondere im Alter keinen Anschluss finden, dann halten wir mit einem daraus resultierenden Suchtverhalten zwar die Wirtschaft in Gang, sorgen damit aber nicht nur weiterhin für eine innere Leere, sondern erzeugen damit auch noch einen Müll, der wiederum entsorgt werden muss und unnötig die Umwelt belastet. Wie gut ist es da, wenn wir uns dann zunächst einmal unserer inneren Ohnmacht stellen, uns öffnen und mit dieser Offenheit nach stabilen verlässlichen Beziehungen Ausschau halten, damit wir mit unserer Einsamkeit nicht eine Sterblichkeit in uns selbst erzeugen, die sich lebensverkürzend auf unser Leben auswirken kann.

Impuls:

Meiner Meinung nach ist unsere ausgebeutete Schöpfung auch ein Spiegel für unsere missglückten Beziehungen, weil wir trotz allem wissenschaftlichen Fortschritt keine sinnvolle, friedliche orientierte Weiterentwicklung in unseren Beziehungen errungen haben. Voraussetzung für die Liebe zu unserer Schöpfung ist immer die Liebe zu unserem Schöpfer, zu unserem Nächsten und uns selbst. Denn wie wollen wir die Schöpfung lieben, wenn wir aufgrund unseres Egoismus nicht einmal in der Lage sind, uns selbst zu lieben?

Eine unerwünschte Krankheit annehmen

Werden Sie in fortgeschrittenem Alter von einer Krankheit heimgesucht, dann müssen Sie deswegen noch lange nicht am Leben verzweifeln (auch eine Krebserkrankung ist nicht automatisch ein Todesurteil). Dann haben Sie, auch wenn Sie dies anfänglich noch nicht sehen, immer noch die Möglichkeit, das Beste aus Ihrer Situation zu machen und innerlich gar an dieser Situation zu wachsen. Wichtig ist nur, dass Sie einer Krankheit nicht die Hauptrolle in Ihrem Leben zugestehen, sondern Ihren Lebenswillen über Ihre Symptome stellen und Ja zu Ihrem Leben sagen.

Sie können nach der Zeit, in der Sie Ihre Erkrankung angenommen haben, Ihrem Leben neuen Sinn geben, indem Sie eine Selbsthilfegruppe aufsuchen und dort gar für andere gleich Betroffenen zu einer echten Unterstützung werden. Wir sind doch gemeinsam immer stärker als allein. Oder aber Sie gründen selbst eine Selbsthilfegruppe, sollte es in Ihrer Umgebung noch keine Anlaufstelle geben. Bäumen Sie sich gegen Ihre Erkrankung mit der Kraft Ihres Geistes auf, bleiben Sie nicht zu lange stehen und holen Sie all das in Ihnen hervor, was an Kraft und Kreativität in Ihnen steckt. Wichtig ist, dass Sie trotz aller verständlichen anfänglichen Trauer über eine unerwünschte Situation keinen Teufelskreislauf zulassen, in dem Sie sich immer wieder mit negativen Gedanken um eine Erkrankung drehen, weil Sie sonst Gefahr laufen, Ihren Lebenswillen zu verlieren und Ihr Leben dann irrtümlicherweise als sinnlos empfinden.

Sie haben die Möglichkeit, immer wieder für all das zu beten, was Ihnen am Herzen liegt oder aber Sie bitten andere, dass sie für Sie beten. Gab es doch schon so viele Spontanheilungen, für die sich bis heute keine rationalen Erklärungen finden lassen. Isolieren Sie sich nicht, bleiben Sie offen, geben Sie nicht auf und sagen Sie Ja zu Ihrem Leben, unabhängig davon, wie alt sie sind oder wie krank sie sich fühlen. Sie sind als Mensch doch immer mehr als Ihre Krankheit oder Ihre Symptome. Ein von Gott gewollter und geliebter Mensch! Das dürfen Sie glauben und sich auch immer wieder sagen!

Impuls:

Menschen haben eine Krankheit, aber sie sind nicht Ihre Krankheit. Viel wichtiger als die Frage, ob ich beispielsweise an einer Arthrose leide, ist im Alter jene, ob ich einen ausgeprägten Lebenswillen, eine positive Lebenseinstellung, gute Beziehungen zu Freunden und ausreichend Bewegung habe. Wichtig ist immer, dass ich weiß, wofür ich lebe und dass ich etwas tue, das mir zu mehr Lebenswillen verhilft.

Altern

Gewohnte Wege werden weiter,
gedruckte Buchstaben kleiner.
Weniger Schlaf schenkt mir mehr Zeit,
frühere Eile verliert ihre Sinnhaftigkeit.
Einst Wichtiges verliert seinen trügerischen Schein,
Wesentliches dringt tiefer in mein Herz hinein.
Unversöhntes lähmt meinen Gang,
Verlässliche Freunde ziehen mit mir an einem Strang.
Lachende Enkel vermögen mir Freude in mein Herz zu schenken
und regen mich an, an die schönen Tage in meiner Kindheit zu denken.
Wie singende Vögel im Frühling vermögen sie in meinem Herzen zu schwingen,
sodass es mir im Alter gelingt, fröhlich wie ein Kind mit ihnen zu singen.

In jedem Alter aus innerer Freude strahlen

Auch Sie können in jedem Alter richtig gut aussehen, solange Sie aus innerer Freude strahlen. Machen Sie Ihren Wert nicht von Ihrem Alter oder von einem Zeitgeist abhängig, in dem in erster Linie Jugendlichkeit zählt, sondern sorgen Sie so gut wie möglich dafür, dass Sie glücklich sind und bleiben.

Dies gilt insbesondere für Frauen, die man gerne nach ihrer Attraktivität und erotischen Anziehungskraft bewertet, während Männer auch im fortgeschrittenen Alter trotz ihres Bierbauchs noch als weise und führungsstark im Beruf angesehen werden. Glücklich sein ist das schönste Makeup.

Was vor Demenz schützt

Nach Schätzungen der WHO lebten 2019 etwa 1,6 Millionen Menschen mit Demenz, weltweit etwa 55 Millionen Menschen.[9] Einerseits ist diese Entwicklung begünstigt durch die Tatsache, dass wir Menschen immer älter werden und mit höherem Alter die Wahrscheinlichkeit, an einer Demenz zu erkranken, steigt, andererseits, so Professor Hüther, steht die Entwicklung in Zusammenhang mit unserem aktuellen Lebensstil. »Unser Sinn-entleertes Leben mit dem ständigen Druck des Funktionieren-Müssen führt dazu, dass zu vielen Menschen die Freude am Entdecken und am gemeinsamen Gestalten beim Älterwerden abhandenkommen«, beklagt er in einem Interview mit buchszene.de[10]. Seine Forderung: »Wir brauchen einen bewussteren, auf die Stärkung unserer Selbstheilungskräfte ausgerichteten Lebensstil.«

Eine Demenzerkrankung kann das Leben substanziell beeinflussen. Das Bundesgesundheitsministerium schreibt dazu: »Eine Demenz ist weitaus mehr als eine Gedächtnisstörung. In ihrem Verlauf kommt es auch zu einer zunehmenden Beeinträchtigung der Aufmerksamkeit, der Sprache, des Auffassungs- und Denkvermögens sowie der Orientierung. Somit erschüttert eine Demenzerkrankung das ganze Sein des Menschen – seine Wahrnehmung, sein Verhalten und sein Erleben.«[11]

Sich vor Demenz zu schützen, ist also wichtig, um ein langes, glückliches und sorgenfreies Leben führen zu kön-

9 https://www.deutsche-demenzhilfe.com/aktuelles/#c85

10 https://buchszene.de/raus-aus-der-demenz-falle-gerald-huether-hoerbuch/

11 https://www.bundesgesundheitsministerium.de/themen/pflege/online-ratgeber-demenz/krankheitsbild-und-verlauf.html

nen – in Bezug auf sich selbst und auf die Umwelt, die Mitmenschen, die, die einem am Herzen liegen und denen man am Herzen liegt.

Zurück zum Interview mit Professor Hüther. Nach ihm stimuliere der angesprochene Lebensstil das »Auswachsen von Nervenzellfortsätzen und die Bildung von Synapsen im Gehirn«, beides essentiell für das Erkennen, Nutzen und Beteiligen der und an der Umwelt. Im Gehirn würden spezielle Botenstoffe freigesetzt werden, wenn Menschen mit ihrer Umwelt interagieren und so ihre Gehirnkapazitäten anregen. Im Alter würden diese Verbindungen naturgemäß immer weiter abgebaut und es liege am Menschen selbst, diesem Abbau entgegenzuwirken. So sei es gelungen, den Abbau »durch regenerative neuroplastische Kompensation auszugleichen, also neue Verbindungen herzustellen«.

Fühlen sich Menschen aber abgeschoben oder unerwünscht, dann finde bei ihnen auch keine Regeneration und Selbstheilung im Gehirn mehr statt. Deswegen sei es so wichtig, dass wir unserem Leben Sinn geben und die Freude am Entdecken nicht verlieren. Professor Hüther betont, wie wichtig es für ein gesundes Gehirn und generell für ein gesundes Älterwerden sei, eine gesunde Ernährung und ausreichende Bewegung zu haben und das zu machen, was Sie auch selbst wollen, und nicht das, was Ihnen von außen vorgeschrieben würde. Besonders betont er auch die Beziehung zu anderen Menschen: »Und ich kann meine Beziehungen zu anderen Menschen würdevoll gestalten und mich mit ihnen gemeinsam auf den Weg machen. So, dass ich über mich hinauswache, statt diese anderen zu benutzen, um mich zu stärken. [...] Am besten geht das gemeinsam mit anderen Menschen. Viele Ältere tun das bereits. Sie lassen sich nicht aufs Abstellgleis schieben. Sie sind aktiv, engagieren sich, sind kulturell interessiert. Sie bilden Gemeinschaften, fahren zusammen Rad oder wandern, unternehmen Reisen. Sie verleihen ihrem Leben einen Sinn, machen es verstehbar und gestaltbar«.

Das Bundesgesundheitsministerium rät dazu, »verbliebene Fähigkeiten der Erkrankten zu trainieren sowie ihr Selbstwertgefühl zu stärken« und auch Professor Hüther ist der Meinung, an Demenz erkrankten Menschen nicht alles abzunehmen, sondern sie in ihren Möglichkeiten zu bestärken. Schlussendlich sind beide Parteien der Meinung, dass Demenzerkrankten gut geholfen werden kann, wenn sie in feste Gemeinschaften eingebunden sind und dort ihre eigenen festen, sinnvollen Aufgaben.

Nur, weil jemand erkrankt ist, heißt das noch lange nicht, dass dieser Mensch mit weniger Wert und Würde behandelt werden darf. Wir müssen alle darauf achten, jedem Menschen seines Menschseins entsprechend zu begegnen und denen zu helfen, die es nicht mehr selbst können.

Die lebensverlängernde Kraft des Humors

Die norwegische Universität für Wissenschaft und Technologie konnte in einer Studie[12] feststellen, dass Humor bis zum Rentenalter positive gesundheitliche Auswirkungen haben kann. Danach spielen vor allem Gene und das biologische Altern eine Hauptrolle. Dennoch kann man sich denken, dass das Leben sehr viel lebenswerter wird, wenn wir nicht alles staubtrocken betrachten. Wir können im Alter in Selbstmitleid versinken oder lernen, ein Mindestmaß an Humor aufzubringen. Zwischen diesen beiden Möglichkeiten können wir uns entscheiden. Lernen wir, uns selbst auf die Schippe zu nehmen! Selbstironie bedeutet ja nicht, andere lächerlich zu machen, sondern das eigene Leben durch eine humorvolle Brille zu sehen. Wichtig ist nur, dass wir aufhören, uns mit anderen zu vergleichen und unser Glück nicht von absurden Schönheitsidealen abhängig zu machen. Gelingt es uns, ein bisschen mehr über uns selbst

12 »A sense of humor helps keep you healthy until retirement« in: https://www.sciencedaily.com/releases/2010/06/100604073717.htm

zu lachen und dies auch den anderen zu erlauben, dann lachen wir am Ende gemeinsam.

So wird das Lachen zu einem Windstoß, mit dem wir die Wolken unserer Sorgen am schnellsten vertreiben. Humor entspannt gerade in der Zeit, in der wir uns körperlich nicht mehr so gelenkig wie früher fühlen, sodass der Humor einer Gymnastik für das Herz gleicht. Es kann hilfreich sein, wenn wir beispielsweise einmal einen Clown in ein Seniorenheim einladen oder unseren alten Eltern einen Witz erzählen. Meine Mutter jedenfalls konnte trotz vieler Schmerzen bis ins hohe Alter gerade dann herzhaft mit uns lachen, wenn sie sich von uns geliebt und angenommen fühlte und daraufhin eine Selbstvergessenheit zeigte, mit der sie dann wieder zeitweise etwas von ihren Schmerzen abgelenkt war.

Man wird alt,
wenn die Leute anfangen zu sagen,
dass man jung aussieht.

(Karl Dall)

Lernen bis zuletzt

Lernen bis zuletzt macht Sinn. Insbesondere dann, wenn es Ihnen gelingt, dabei die Neugierde und die Selbstvergessenheit eines Kindes zu zeigen, das mit Freude etwas tut, ohne dass es etwas damit bezwecken will. Möchten Sie sich mit Freude weiterbilden, dann bleiben Sie geistig aktiv und innerlich jung. Gelingt es Ihnen, Ihre bisherigen Interessen in höherem Alter noch mehr zu vertiefen, dann werden Sie auch öfter auf unbeschwerte Weise im Augenblick leben können und erst gar nicht das Verhalten eines Kaninchens übernehmen, das aus Angst vor der Schlange in sich selbst erstarrt, weil es in fortgeschrittenem Alter gebannt auf ein mögliches Lebensende sieht. Jedenfalls werden Sie sich bei interessanten Themen und

Aufgaben erst gar nicht zu sehr auf Ihr Lebensende und Ihre eigene Befindlichkeit fixieren, wenn Sie sich mit Freude ablenken. Diesbezüglich gibt es die unterschiedlichsten Möglichkeiten. Sei es, um hier einige Beispiele zu nennen, indem Sie eine Volkshochschule besuchen, sich als Gasthörer bei einer Universität einschreiben, ein Tier begleiten, Nachhilfeunterricht geben, ein interessantes Buch lesen, Schach oder andere Spiele spielen oder einen Menschen besuchen, der sich in seiner Einsamkeit über Ihren Besuch sehr freuen würde. Sitzen Sie aber nur noch gelangweilt und hilflos da und trauern auch noch alten Zeiten hinterher, sind Sie geistig nicht aktiv, sehen Sie den ganzen Tag nur Fernsehen und klammern sich dabei noch an Ihre Partnerin oder Ihren Partner, dann laufen Sie Gefahr, mehr und mehr in eine bedrückende innere Leere und Abhängigkeit zu gelangen, in der Ihnen Ihr eigener Alterungsprozess anstrengender erscheint, als er ist. Bleiben Sie also selbständig, geistig und körperlich so lange wie möglich aktiv und tun Sie etwas, das Ihnen Freude bereitet und Ihnen sinnvoll erscheint. Und glauben Sie daran, dass es auch für Sie mit Sicherheit etwas geben wird, das Ihre Seele sinnvoll, heiter und lebensbejahend stimmen kann. Fangen Sie einfach rechtzeitig mit dem Suchen an, damit Sie sich erst gar nicht an eine gewisse Leere gewöhnen, mit der Sie sich nur unwohl fühlen können. Denn solange wir bereit sind zu lernen, erwarten wir auch eine Zukunft.

Wer nicht weiß, wofür er leben will,
der kann sich nur verirren.

(Gerald Hüther)

Alt ist man erst dann,
wenn man an der Vergangenheit mehr Freude hat
als an der Zukunft.

(unbekannter Autor)

Man bleibt jung,
solange man noch lernen,
neue Gewohnheiten annehmen
und einen Widerspruch ertragen kann.

(Marie von Ebner-Eschenbach)

Die eigenen Albträume verstehen

Träumen Sie immer wieder bestimmte Muster, beispielsweise von Verfolgung, Fallen, Nacktsein, Toilette aufsuchen, Prüfung oder dem Tod einer nahestehenden Person, dann fragen Sie sich zur Angstverringerung, was Sie konkret machen würden, wenn Ihnen eine solche Situation im Alltag passiert. Erfinden Sie ein Happy End für aussichtslose Situationen.

Wollen Sie Ihren Traum besser verstehen, dann sollten Sie auf folgende Punkte achten: Denken Sie nicht vernünftig oder logisch über den Traum nach. Stellen Sie fest, was den Traum gekennzeichnet hat. Fragen Sie sich, welche Erinnerungen und Gefühle aus dem wahren Leben mit dem Traum verbunden sind. Handelt es sich hierbei um ein wiederkehrendes Muster? Wie entwickelt es sich? Lassen Sie sich nicht von einzelnen Episoden irreführen, weil erst eine Vielzahl von ähnlichen Träumen eine wirkliche Aussagekraft besitzt. Nehmen Sie sich Zeit und zeigen Sie Geduld, weil Sie Ihre Träume erst in einer Gesamtschau am besten verstehen.

Für Anselm Grün von der Abtei Münsterschwarzach sind unsere Träume Gottes vergessene Sprache und die Engel seine Traumboten. Träume sagen uns seiner Meinung nach, wie es um uns stehe, und zeigen uns die Aufgaben, denen wir uns stellen müssten. In der Psychologie ist es das Unbewusste, das sich im Traum äußert. Beide Ansätze lassen sich auf eine fruchtbare Weise miteinander kombinieren und ergänzen. Denn das Unbewusste ist nicht nur das Verdrängte, sondern zugleich ein wichtiger Lebensquell.

Anselm Grün betrachtet in seinem Buch »Vom spirituellen Umgang mit Träumen« zuerst den Traum in der Bibel und in der geistlichen Tradition, bevor er sich der Traumdeutung auf psychologische und geistliche Weise zuwendet. Am Ende gibt er Regeln für einen heilsamen Umgang mit den eigenen Träumen.

Seelische und körperlichen Schmerzen ernstnehmen

Geht es Ihnen einmal so schlecht, dass Sie am liebsten schreien würden, Sie Ihre seelischen und körperlichen Belastungen aber nicht ausdrücken können, dann gelangen Sie in eine Stresssituation, die es zu lösen gilt. Denn dauerhafter Stress macht krank. Wichtig ist, dass Sie sich in einer solchen Situation ernstnehmen, liebevoll mit sich umgehen und den seelischen Druck herauslassen, der nach außen dringen will. Gegebenenfalls können Sie dabei auch therapeutische Hilfe in Anspruch nehmen, sollte Ihnen bewusstwerden, dass Sie sich nur schwer öffnen können. Wenn Sie Ihrem seelischen Druck aber nicht nachgehen, sondern versuchen sich weiterhin zu kontrollieren und gegen den inneren Druck anzukämpfen, dann können Ihre Schmerzen noch tiefer in Ihren Körper eindringen, sodass Sie sich zunehmend gelähmter, erschöpfter und angespannter fühlen können. Dies aber kann nicht in Ihrem Sinne sein. Sprechen Sie also, und das gilt auch für Männer, die sich da oftmals etwas mehr zieren, Ihre Konflikte und Schmerzen aus oder schreien Sie diese auch einmal heraus, wenn Ihnen danach zumute ist und Sie sich völlig überfordert fühlen. Insbesondere dann, wenn Sie in Ihrer Kindheit unterdrückt wurden und Sie sich daraufhin gezwungen sahen, sich auch bei innerem Leiden immer wieder zurückzuhalten, weil Sie aufgrund Ihrer eigenen Erfahrung davon ausgehen mussten, dass man Sie nicht hören wollte oder Sie nur dann Liebe erfahren haben, wenn Sie sich angepasst und gehorsam verhalten haben. Schreien Sie dabei aber nicht andere Menschen an, denn so können Konflikte erst recht eskalieren. Lassen Sie also nicht zu, dass sich die seelischen und körperlichen Konflikte und Schmerzen so in Ihnen anstauen, dass Sie sich am Ende zu Ihrem Nachteil verselbständigen und eine chronische Erkrankung hervorrufen.

Nehmen Sie sich also ernst, gehen Sie liebevoll mit sich um und gestehen Sie sich damit eine Würde zu, die Sie als Mensch verdienen.

Impuls:

Wir alle gehen würdevoll mit unseren Mitmenschen und uns selbst um, wenn wir andere und uns selbst in unserem Leiden ernst nehmen. Leiden, die wir auch mit unserem Schöpfer besprechen können.

Gut für sich selbst sorgen

Letztlich erscheint eine Vorsorgeuntersuchung schon allein deswegen sinnvoll, weil bis heute schon viele Tausende Menschenleben gerettet wurden, nachdem bei ihnen frühzeitig eine lebensbedrohliche Krankheit entdeckt wurde, die durch entsprechende Behandlungsmethoden dann noch geheilt werden konnte. Fassen Sie also Mut und gehen Sie auch aus Liebe zu Ihren Angehörigen zu einer Vorsorgeuntersuchung, gerade weil diese Ihr Leben so lange wie möglich mit Ihnen teilen und Sie nicht frühzeitig verlieren möchten.

Ich will an dieser Stelle nicht unerwähnt lassen, dass Menschen nach einer Aussage von Professor Frohböße von der Sporthochschule Köln (SWR 1 Radiosendung vom 12.10.2020 um 9.40 Uhr) beispielsweise in der Nähe von Rom oder in Sardinien gerade deswegen über 100 Jahre alt geworden und nicht an den klassischen Krankheiten wie Diabetes oder Bluthochdruck erkrankt seien, weil sie oft noch mit 90 Jahren auf der Wiese stehen und körperlich aktiv seien. Sie würden zwar nicht in ein Fitnessstudio gehen, seien aber körperlich in ihrem Alltag noch so viel in Bewegung, sodass sie viele Schritte ansammeln würden. Zudem würden sie viele Esspausen machen, würden viel Fisch, Meeresfrüchte und sich nur zu 80 Prozent sattessen, sodass sich demzufolge auch ihre Zellen langsamer teilen würden. Wichtig sei auch, dass wir einem Muskelschwund vorbeugen können, der in etwa mit dem 70. Lebensjahr beginne, und unser Immunsystem stärken können, indem wir auch Alkohol und Nikotin meiden.

Bleiben Sie also aktiv und nutzen Sie Ihre Muskeln, weil sie sich nur so entwickeln können, sodass der aus der vorherigen Generation überlieferte Satz »Wer rastet, der rostet« zu keiner Zeit seine Bedeutung verliert. Ist doch gerade unsere Muskelkraft im Alter sehr wichtig, weil sie uns den Besuch von Freunden oder von irgendwelchen Veranstaltungen ermöglichen, sodass wir dadurch auch so lange wie möglich am gesellschaftlichen Leben teilnehmen können.

Bewegungsmuffel hingegen stürben erwiesenermaßen hingegen im Schnitt sechs bis acht Jahre früher, so die Aussage von Professor Frohböße. Menschen aber, die so lange wie möglich in Bewegung bleiben würden, würden nicht nur länger leben, sondern würden auch gesünder leben und sterben. Halten Sie also Ihre Muskeln in Bewegung!

Impuls:

Tun wir auch aus Liebe für unsere Angehörigen etwas für unsere Gesundheit, dann würdigen wir sie.

Mit den Folgen der Pandemie umgehen

Wie ein Sprecher der Universität Frankfurt am 6.11.2020 in der Hessenschau berichtete, leiden mittlerweile 10% unter psychische Erkrankungen, die durch die Situation rund um das Corona-Virus entstanden sind. Sollten auch Sie zu den Menschen gehören, die während der Pandemie kaum Besuch erhalten, dafür aber überwiegend Fernsehen schauen, im Internet surfen oder den ganzen Tag ausschließlich Radio hören, in denen immer wieder von der Pandemie und andauernd steigende Corona-Zahlen berichtet wird, dann müssen Sie damit rechnen, dass sich auch Ihre Angst hinsichtlich einer möglichen lebensgefährlichen Ansteckung verstärken kann. Deswegen tun Sie sich bestimmt etwas Gutes, wenn Sie nicht dauernd Nachrichten zum Thema »Pandemie« hören, sondern demgegenüber öfter Freunde anrufen, mit denen Sie dann aber vereinbaren, nicht über das Thema »Corona« sprechen. So können Sie sich bei Ihren Tätigkeiten immer wieder auf das Hier und Jetzt besinnen und damit Grübelschleifen zu diesem Thema beenden. Sie können auch in die grüne Natur gehen, neue Projekte anstreben oder bereits vorhandene interessante Projekte vertiefen. Sollten Sie aber bereits über längere Zeit Niedergeschlagenheit oder gar suizidalen Gedanken spüren, dann ist es ratsam, therapeutische Hilfe in Anspruch zu nehmen. Sind Sie krank oder an Ihr Bett gebunden, dann können Sie telefonische oder digitale therapeutische Angebote nutzen oder auch ein Gebet sprechen, berührende Musik hören oder Geschichten auf einer CD anhören, die entspannend und beruhigend auf Sie wirken. Zudem gehen Sie liebevoll und verständnisvoll mit sich um, wenn Sie offen mit Ihren Angehörigen, vertrauenswürdigen Menschen oder dem Pflegepersonal über eventuell negativ aufsteigende Gedanken und Gefühle sprechen. Es bleibt wichtig, dass Sie auch oder gerade bei einer deprimierenden Stimmung Abstandsregeln einhalten, die Hände waschen oder eine Schutzmaske tragen. Ganz in der Hoffnung, dass die Zeit der Pandemie auch einmal zu Ende gehen wird. Zudem ist Humor ein sehr guter Weg, um an der Pandemie und am Dasein nicht zu verzweifeln.

Umgang mit Einsamkeit in der Pandemie

Die Pandemie hat gezeigt, wie wichtig es ist, dass wir gerade in Zeiten, in denen wir Einsamkeit erfahren, gut mit uns selbst umgehen. Dann, wenn uns aus verständlichen Gründen jeder Besuch von außen verwehrt wird und wir überwiegend mit uns selbst konfrontiert sind. Zwar haben uns die medizinischen Experten tagtäglich vermittelt, wie wir uns gegenüber dem Virus verhalten und einen notwendigen Abstand einhalten sollen, doch kaum jemand hat uns abgesehen von den wenigen kirchlichen Sendern täglich erzählt, wie wir auf der seelischen Ebene bestmöglich mit dieser Krise und einer daraus resultierenden Einsamkeit umgehen können. Und dies, obwohl doch zig Tausende Menschen einsam und verlassen in Heimen, Krankenhäusern oder anderen Einrichtungen verstorben sind. Bemerken wir, dass wir in einer solchen Zeit zu sehr um uns selbst kreisen, dann vermögen wir unsere Sorgen und Ängste dadurch zu lindern, dass wir diesen Kreislauf beenden und so schnell wie möglich Ablenkung suchen. Auch indem wir für all die beten, die uns am Herzen liegen oder denen es noch viel schlechter geht als uns selbst. Oder indem wir, falls wir Bedenken vor den Nebenwirkungen einer Impfung haben, dafür danken, dass uns überhaupt eine Impfung ermöglicht wird, sehen wir doch in den Medien, wie Menschen in den armen Ländern wie Brasilien oder Indien alles dafür geben würden, um eine Impfung zu erhalten, die sie und ihre Familien vor dem Tod bewahrt. Zudem können wir in dieser Zeit von unseren Sorgen und Ängsten ablenken, indem wir ganz offen mit unserem Schöpfer über unsere Gedanken und Gefühle in dieser Situation sprechen oder aber mit Menschen telefonieren oder skypen, denen wir vertrauen. Weiterhin können wir ein interessantes Buch lesen, eine Kerze anzünden, beruhigende Musik hören und ein Foto von den Menschen aufstellen, die uns am Herzen liegen, um auf diese Weise mit ihnen in Verbindung zu bleiben. Oder aber wir können uns die Worte aus dem Neuen Testament in Erinnerung rufen, mit denen uns gesagt wird, dass wir uns nicht fürchten sollen. Oder aber wir stellen uns vor, was uns unsere Eltern mit Liebe ins Ohr geflüstert haben, als sie uns in der Kindheit getröstet haben. Wichtig ist, dass wir uns gerade dann, wenn wir uns sehr einsam fühlen, liebevoll mit uns selbst umgehen. Voraussetzung dafür ist allerdings, dass wir auch in uns selbst versöhnt und relativ zufrieden sind, weil wir gerade so unser Immunsystem stärken. Was unsere eigene Einstellung betrifft, ist es wichtig, dass wir in einer solchen Zeit tun, was wir tun können, und dennoch unser Leben in Gottes Hand geben, sollten wir dennoch erkranken und eine unerwünschte Erfahrung machen, die wir einfach nicht ändern können.

Lass mich langsamer gehen, Gott

Ein Gedicht aus Südafrika von einem UNBEKANNTEN AUTOR

Entlaste das eilige Schlagen meines Herzens durch das Stillwerden meiner Seele. Lass meine hastigen Schritte stetiger werden mit dem Blick auf die Weite der Ewigkeit. Gib mir mitten in Verwirrung des Tages die Ruhe der ewigen Berge. Löse die Anspannung meiner Nerven und Muskeln durch die sanfte Musik der singenden Wasser, die in meiner Erinnerung lebendig sind. Lass mich die Zauberkraft des Schlafes erkennen, die mich erneuert. Lehre mich die Kunst des freien Augenblicks. Lass mich langsamer gehen, um eine Blume zu sehen, ein paar Worte mit einem Freund zu wechseln, einen Hund zu streicheln, ein paar Zeilen in einem Buch zu lesen. Lass mich langsamer gehen, Gott, und gib mit den Wunsch, meine Wurzeln tief in den ewigen Grund zu senken, damit emporwachse zu meiner wahren Bestimmung.

Abschiedlich leben

Sie tun sich etwas Gutes, wenn Sie sich gegenüber Ihrer Partnerin oder Ihrem Partner eine gewisse Eigenständigkeit bewahren und hin und wieder auch einmal etwas ohne sie oder ihn unternehmen. Kann doch irgendwann einmal die Situation eintreten, dass Sie, so schmerzlich das auch ist oder sein wird, ohne sie oder ihn leben müssen, weil sie oder er unerwartet früh an einer nicht vorhersehbaren Krankheit verstorben ist. Sicher möchten Sie sich diese Situation derzeit verständlicherweise nicht vorstellen, dennoch nützt es nichts, wenn wir die Augen vor der Realität in diesem Leben verschließen und wissen, dass uns dieses Leben und unsere Partnerin oder unser Partner ohnehin nur für eine bestimmte Zeit anvertraut und nicht unser Eigentum ist. Gelingt es Ihnen frühzeitig loszulassen, dann werden Sie auch Ihre Partnerin oder Ihren Partner nicht nur mehr als bisher schätzen, sondern sich auch weniger an ihn klammern. Nehmen Sie also dann, wenn es Ihnen leichtfällt, zwischendurch auch immer mal eine gewisse Distanz zu Ihrer Partnerin oder Ihrem Partner ein, damit sie oder er nach einer Trennung nicht zu sehr in eine chronische Depression gerät, weil Sie nach einem symbiotischen Leben mit ihr oder mit ihm das Gefühl bekommen, dass Sie nicht mehr ohne sie oder ihn leben können und demzufolge dann auch noch suizidale Gedanken in Ihnen entstehen, die Ihnen jegliche Lebensfreude nehmen. Zumal Ihre Partnerin oder Ihr Partner nach seinem Tod aus Liebe zu Ihnen nicht wollen wird, dass Sie ohne ihn am Leben verzagen und somit unglücklich vor sich hin leiden. Werden Sie allerdings einmal in eine Situation gelangen, in der Sie Ihre Partnerin oder Ihren Partner aufgrund einer Pflegebedürftigkeit intensiv begleiten, dann werden Sie auch sicher gerne für ihn oder sie da sein. Doch auch in dieser Situation ist es nur menschlich, wenn Sie hin und wieder das Gefühl bekommen, dass Sie auch einmal Zeit für sich brauchen. Sind wir zwar zur Liebe fähig, doch keine Übermenschen, die vollkommen lieben können.

Begegnen Sie Ihrem Partner in einem gesunden Maß von Nähe und Distanz, dann gehen Sie auch würdevoll mit sich selbst um, weil Sie damit auch keine zu große Abhängigkeit zulassen, die Sie selbst nur unfrei machen und Ihnen am Ende auch sehr schaden kann.

Im Maße liegt die Ordnung, weil jedes zu viel oder zu wenig aus Gesundheit Krankheit macht.

Welkes Blatt

Ein Gedicht von Hermann Hesse

Jede Blüte will zur Frucht,
jeder Morgen Abend werden.
Ewiges ist nicht auf Erden
als der Wandel, als die Flucht.
Auch der schönste Sommer will
einmal Herbst und Welke spüren.
Halte, Blatt, geduldig still,
wenn der Wind dich will entführen.
Spiel dein Lied und wehr dich nicht,
lass es still geschehen.
Lass vom Winde, der dich bricht,
dich nach Hause wehen.

Für die Liebe danken

Danke,
dass du mich nicht verurteilt hast, als ich mein liebloses Verhalten gegenüber dir nicht erkannte.
Dass du deine Liebe nicht an Bedingungen geknüpft hast, als ich dir im Vertrauen meine dunklen Seiten offenbarte.

Dass du unsere Geheimnisse nicht verraten hast, als ich dich eine gewisse Zeit nicht sehen konnte.
Dass du mich aufgefangen hast, als ich nach einer schweren Diagnose das Gefühl hatte, in ein tiefes Loch zu fallen.
Dass du dich geweigert hast, mich im Altenheim beim Essen nach einem vorgegebenen Zeitplan vollzustopfen, weil dir meine Würde wichtiger war als die Zurechtweisung deiner Vorgesetzten.
Dass du mich auch noch nach Feierabend zärtlich gestreichelt hast, weil ich vor Schmerzen nicht zur Ruhe fand.
Dass du mir etwas von einem liebenden vertrauenswürdigen Gott erzählt hast, als mich in meinem Sterbeprozess die Angst ergriff.

So will ich mich ganz herzlich dafür bedanken, weil mich in meinem Leben nichts so sehr berührt hat wie deine mitfühlende Liebe.
Mit ihr gelang es mir, zu einem würdevollen und versöhnten Abschied aus meinem irdischen Leben zu finden, hast du dich doch wie ein Engel verhalten, der ohne Aufsehen im Verborgenen Gutes tut.

Eine Strategie gegen Einsamkeit

Sicher wird es auch Ihnen guttun, wenn Sie im Alter mit anderen über Ihre Probleme und Ihre Erinnerungen aus früheren Tagen sprechen können. Wichtig ist aber immer, dass Sie sich vor einem Besuch überlegen, über was Sie sprechen möchten und über was nicht. Unabhängig davon können Sie einen vertrauten Besucher oder eine Besucherin bitten, Ihnen etwas vorzulesen oder aber Sie bilden selbst einen Lesekreis mit anderen. Oder Sie bitten einen Besucher oder eine Besucherin, er oder sie möge Ihnen eine beruhigende Musik vorspielen, damit Sie sich bei einer zunehmenden

Unbeweglichkeit nicht zu sehr in Ängsten verlieren, mit denen Sie sich zusätzlich verkrampfen.

Impuls:

Wir tun alten Menschen etwas Gutes, wenn wir sie mit ehrenamtlichen Helfern bei einem Einkauf insbesondere in der Großstadt unterstützen, damit sie auch vor Verletzungen oder Übergriffen besser geschützt sind. Zudem würdigen wir alte Menschen, wenn wir gerade in einer relativ anonymen Hausgemeinschaft ein Auge auf sie werfen und ihnen einen Besuch abstatten, um zu sehen, wie es ihnen in ihrer Einsamkeit und ihrer zunehmenden Hilflosigkeit geht. Oder indem wir unsere Kinder bitten, gezielt auf sie zu sehen, zumal sie damit eine innere Haltung verinnerlichen, die sie auch sensibler im Umgang mit alten Menschen werden lässt.

Wir können alte Menschen bei einem Besuch auch mit Seifenblasen oder einfachen Tierspielzeugen, Hunden, Katzen, Puppen, Traktoren an Ihre Kindheit erinnern und so etwas für ihre eigene Zufriedenheit und Freude tun. Auch ein Briefkontakt zwischen einem alten und einem jungen Schüler oder einer Schülerin kann dem alternden Menschen das Gefühl geben, gebraucht zu werden, während der junge Mensch etwas von dem älteren Menschen lernen kann.

Kontakt in der Einsamkeit

Wenn Sie das Gefühl haben, dass Sie in Ihrem näheren Umkreis niemanden haben, an den Sie sich wenden können, wenn Sie dennoch das Bedürfnis haben, sich jemandem zuzuwenden, wenn die Corona-Pandemie Ihre sozialen Kontakte schmerzhaft eingeschränkt hat, gibt es mittlerweile sehr viele Anlaufstellen, die sich im Speziellen um alternde Menschen kümmern. Nehmen wir als Beispiel den

Förderverein »Retla«, der seit April 2020 für Senioren und Seniorinnen Gespräche mit anderen Menschen übers Telefon ermöglicht, sodass sich niemand einer gesundheitlichen Gefahr aussetzen muss.

Auf der Webseite von »Retla« ist zu lesen: »Retla kann man auch rückwärts lesen. Aus einer neuen Perspektive. Wir wollen alten Menschen etwas zurückgeben. Leben, Sinn und Zuversicht. Eben das, was sie uns ihr ganzes Leben lang gegeben haben.« Und: »Die Senior:innen können mit den Telefon-Engeln über alles sprechen, was sie bewegt.«[13]

Auch der »LichtBlick Seniorenhilfe e. V.«[14] bietet einsamen Menschen über das Telefon und auf viele andere Weisen wie Lebensmittelkisten oder Maskenspenden Hilfe.

Ist Ihnen das Gespräch über das Telefon zu anonym, schauen Sie, ob Ihre Kirchengemeinde Hilfestellen oder gesellige Zusammenkünfte organisiert – im Herzen Gottes sind wir alle willkommen.

Sie sind nicht allein und auch wenn es am Anfang vielleicht Überwindung kostet, sich an solche Hilfestellen zu wenden, die Aufgelisteten sind dabei nur ein Tropfen in einer vollen Schale voller Angebote, all diese sich engagierenden Menschen machen es gerne und möchten Ihnen beistehen. Nehmen Sie die Hilfe ruhig an.

Musik als Therapie

Berührende Musik
vermag Gelähmte in Bewegung zu setzen,
Aggressionen zu zähmen,
Gemeinschaft zu stiften,
den Blutdruck zu senken,
in unserer Seele solche Wellen zu schlagen,
dass sich unser Herz öffnen will.

13 Via https://retla.org/
14 Via https://seniorenhilfe-lichtblick.de/corona-hilfe/

Berührende Musik,
hat heilenden Charakter.
vermag sie doch mit ihrer erwärmenden Art
trauernde Herzen zum Weinen zu bringen,
das Eis bitterer, gefrorener Seelen so aufzutauen,
dass sie sich wieder ganz neu einer Liebe öffnen,
die sie wieder aus Freude singen lässt.

Berührende Musik
ist nicht an die Zeit gebunden und jedem Alter zugänglich.
Ja, sie ist göttlicher Natur, vermag sie doch auch Menschen
in ihrem Sterbeprozess so zu trösten und zu begleiten,
dass ihre Seele Flügel bekommen, die sie auf dem Weg
in die Ewigkeit in himmlische Höhen tragen.

Es gibt Lieder,
die werden nie alt.
Man kann sie nicht
todhören.
Wie eine unvergessene Liebe
berühren sie einen immer wieder.

Selbstbestimmt leben bis zum Schluss

Wichtig ist, dass Sie sich bei einer aufkommenden seelischen oder körperlichen Schwäche nicht alles gefallen lassen, und sich gegen ein entwürdigendes Verhalten von Seiten des Pflegepersonals oder anderer Bezugspersonen wehren. Insbesondere dann, wenn Sie schon in Ihrer Kindheit sehr streng erzogen wurden und man Ihnen das Gefühl gab, dass Sie kein Recht auf ein autonomes selbstbestimmtes Leben haben und Ihre Meinung erst gar nicht erwünscht ist.

Wenn Sie nicht sagen, was Sie denken und wünschen, dann verlieren Sie den Bezug zu sich selbst und laufen dabei Gefahr, sich selbst aufzugeben und die Achtung vor sich selbst zu verlieren. Sollten Sie in eine Situation gelangen, in der Sie am Leben verzweifeln, dann unternehmen Sie bitte alles, um etwas gegen diesen Zustand zu tun. Dies ist allemal besser als beispielsweise die Nahrung zu verweigern oder das Gespräch mit anderen abzubrechen. Vielmehr ist es dann wichtig, dass Sie sich Hilfe holen, auch wenn Sie das Gefühl haben, dass Sie den therapeutischen Verordnungen von Ärzten nicht mehr folgen können. Von Ärzten, die Ihnen nicht die Zeit schenken, die Sie benötigen und die demzufolge auch nicht wissen, wie Sie sich wirklich fühlen. Fühlen Sie sich schlecht, dann können Sie auch Angehörige oder Mitbewohner bitten, dass diese Ihnen zuhören und zur Entspannung auch einmal etwas vorsingen, Ihnen etwas vorlesen oder Ihnen eine geliebte Musik vorspielen, die Sie mögen. Dies ist immer besser, als sich vor der Welt abzuschotten und sich innerlich zu isolieren. Wer sich nicht wehrt, ist sich selbst nichts wert.

Ausmisten tut gut

Sicher möchten auch Sie sich im Laufe der Jahre von unnötigem Besitz, von nicht zu bewältigender Arbeit und zu viel unbewohntem Wohnraum lösen. Es kann für Sie nur von Vorteil sein, wenn Sie sich beim Nachlassen Ihrer Kräfte von überflüssigen Möbeln trennen und Ihren Wohnraum verkleinern, wenn Sie spüren, dass Sie nicht mehr die Kraft besitzen, um all dem gerecht zu werden. Gelangen Sie daraufhin in eine überschaubare äußere Ordnung, die Ihrem Alter und Ihrer Lebenssituation entspricht, dann wird sich dies auch so positiv auf Ihre Seele auswirken, sodass Sie auch in Ihrer Seele mehr Ordnung spüren und daraufhin ruhiger und entspannter werden. Sind Sie dazu aber nicht bereit, weil Sie Ihr Lebensgefühl trotz fortgeschrittenem Alter von der Größe Ihres Besitzes oder anderen materiellen Dingen abhängig machen und demzufolge diesen trotz zunehmend gesundheitlicher Beschwerden nicht bewirtschaften können oder nicht loslassen wollen, dann bleiben Sie auch innerlich daran gebunden, sodass Sie sich unnötig anspannen, weil Sie nur schwer loslassen können. Zudem erwarten Sie dann von Ihren Nachkommen, dass sie nach Ihrem Tod all das Überflüssige entsorgen, was Sie ihnen hinterlassen haben. Obwohl Sie doch gerade in einer Zeit, in der Sie nicht mehr berufstätig sind, genug Zeit haben, um sich von Unnötigem (wie nicht mehr getragener Kleidung) zu trennen. Gelingt es Ihnen, sich räumlich zu verkleinern, weil Sie gerade bei vielen unbewohnten Räumen immer wieder die Erfahrung machen, dass Sie sich in einem Übermaß an Fläche mehr einsam als geborgen fühlen, dann gehen Sie liebevoll mit sich selbst um. Hören Sie gut in sich hinein und finden Sie heraus, wann es an der Zeit ist, bestimmte Dinge loszulassen, die Sie nicht brauchen, damit Sie sich auf einen inneren Veränderungsprozess einlassen können, der in einem sich stets verändernden Leben eine Entlastung für Sie ist.

Nachhaltig leben

Sie können eine Bereicherung für Ihre Mitmenschen sein, wenn Sie in der Lage sind, sich in unserer Konsumgesellschaft wie ein Kind über die kleinen Überraschungen im Leben zu freuen und über die kleinen Geheimnisse im Leben zu staunen. Gelingt es Ihnen, bescheiden zu leben und mehr das zu konsumieren, was Sie brauchen, und weniger das, was Sie haben wollen, dann werden Sie auch zu einem Vorbild für all die, die diese Welt mit all ihrer Gier auf eine verantwortungslose Weise ausbeuten und zerstören. Voraussetzung ist allerdings, dass Sie auch in sich selbst zufrieden sind, Ihre eigenen Gaben und Stärken schätzen und eine gewisse Dankbarkeit beherzigen.

Zudem bleiben Sie mit dieser Einstellung in Zeiten der Umweltzerstörung unabhängiger von einer Werbeindustrie, die Ihnen einreden will, dass Ihr Leben gerade dann besonders wertvoll sei, wenn Sie mit Lust all die angepriesenen Güter in diesem Leben konsumieren, mit denen sie ihr Geld an Ihnen verdienen will. Bleiben Sie in höherem Alter aber abhängig von einem konsumorientierten Denken nach dem Motto »hast du was, dann bist du was«, dann machen Sie Ihren Wert von Ihrem Besitz abhängig, sodass Sie damit auch blinder für die Not der Umwelt und Ihre Mitmenschen sind. Außerdem verwehren Sie damit Ihrem Herzen ein Glück, das sich nicht in gesammelten Gütern, sondern in der Liebe zu Gott, Ihren Mitmenschen und zu sich finden lässt. Kreisen Sie also in erster Linie um Ihr Ich und das, was Sie begehren, und wissen auch das Sie Übersteigende nicht mehr zu würdigen, dann entwürdigen Sie auch sich selbst, sind Sie doch Teil eines großen Ganzen, in dem alles mit allem zusammen hängt und nichts ohne dem anderen existiert.

Lassen Sie also Überflüssiges los und staunen Sie wieder wie ein Kind, das sich noch nicht bewusst wie wir Erwachsenen über seine Lustgefühle definiert, sondern durch eine unbeschwerte Liebe und Freude am Leben, in welchem es viel zu entdecken gibt, weil das Kind zurecht davon ausgeht, dass auch in den kleinen Dingen des Lebens etwas Großes steckt. Genießen Sie ganz bewusst einen Sonnenuntergang und lassen Sie sich dabei von einer Sie übersteigenden Kraft beseelen, dann vermag auch eine Demut in Ihnen aufzusteigen, die Sie gerade in solchen Momenten relativ bescheiden und weniger anspruchsvoll durchs Leben gehen lässt. Gerade in einer Wegwerfgesellschaft, in der wir so viel Unnötiges anhäufen, wodurch wir auch die Länder in der dritten Welt mit unserem entsorgten Müll in hohem Maße belasten und eine oftmals gesundheitsgefährdende Kinderarbeit dort fördern.

Weniger kann gerade dann mehr werden, wenn wir alle, ob jung oder alt, zu einer Bescheidenheit zurückfinden, die es uns ermöglicht, eine Ausbeutung vieler geheimnisvoller Arten zu verhindern, über die wir auch noch in höherem Alter wie ein Kind zu staunen vermögen. Für einen achtsamen und bestaunenswerten Umgang mit der Natur ist man nie zu alt.

Weniger ist Mehr

Warum Bücher sinnlos herumstehen lassen, wenn ich sie doch schon alle gelesen habe und sie nun unnötig verstauben?

Warum sie nicht auf einem Flohmarkt anbieten oder sie zu einer anderen entsprechenden Stelle bringen, wo sich Menschen finden, die sie mit Interesse lesen würden?

Warum in einer zu großen Wohnung oder in einem zu großen Haus leben, wenn ich älter und schwächer werde und immer weniger die Kraft habe, sie zu bewirtschaften und zu reinigen?

Warum sie nicht in Zeiten der Wohnungsnot an eine Familie mit Kindern abgeben, die vergeblich nach ausreichend Wohnraum sucht?

Warum ein energieverschwenderisches Auto mit 300 PS fahren, wenn ich es doch ohnehin nicht ausfahren kann? Warum mich aufgrund einer Minderwertigkeit mit einer gewissen Rambomentalität größer machen, als ich es in Wirklichkeit bin?

Warum so viel ungenutzte Kleidung im Kleiderschrank ansammeln, wenn ich doch weiß, dass es arme und obdachlose Menschen gibt, die es in einer Sozialeinrichtung gerade im Winter gut gebrauchen könnten?

Warum aufgrund innerer Leere gelangweilt mit einer gewissen Kaufsucht zu viel Plastik einkaufen, wenn ich doch meine zur Verfügung stehende Zeit nutzen kann, um etwas Sinnvolles für andere und mich zu tun?

Warum nicht vor Ort einkaufen, wenn wir schon einen Joghurtbecher aus dem Ausland mit weiten Transportwegen in unsere Heimat bewegen und damit unnötig die Umwelt belasten?

Warum nicht endlich bescheidener leben, unser Denken und Handeln umstellen, wenn wir doch die Welt immer mehr mit künstlichen Straßen zubetonieren, immer mehr Bäume roden, sodass wir die Umwelt nicht nur belasten, sondern auch die Welt Ihrer natürlichen Schönheit berauben?

Achtsamer Umgang mit sich selbst

Täglich mein Gewissen bereinigen, weil ich so mein Gesicht vor mir selbst wahren und mir beim Blick in den Spiegel entspannt in die Augen schauen kann.

Falsche Schuldgefühle und Selbstvorwürfe aufdecken, die ich fälschlicherweise auf mich übertrage, nachdem mich einst geliebte Bezugspersonen unterdrückt oder mich nur dann belohnt haben, wenn ich eine bestimmte Leistung erbracht oder ein von ihnen gewünschtes Verhalten gezeigt habe.

Mich lieben, indem ich mich so annehme, wie ich bin, aber auch auf meine Weiterentwicklung achte, weil ich für ein gewisses Wachstum in diesem Leben bestimmt bin.

Nicht zu sehr in die Zukunft schauen, sondern im Augenblick leben, damit ich ein möglichst intensives Leben führen kann. Geht es doch in meinem recht kurzen Leben letztlich nicht um die Quantität meiner Lebensjahre, sondern um die Frage, ob ich mein Leben auch in der mir geschenkten Zeit intensiv geliebt und etwas Sinnvolles aus meiner zur Verfügung stehenden Zeit gemacht habe.

Mich für eine Sache oder eine Aufgabe engagieren, damit ich nicht auf Sparflamme lebe und am Ende feststellen muss, dass ich meine geschenkte Energie und meine Gaben auf gleichgültige und sinnlose Weise vergeudet habe.

Mich für den Frieden in der Welt einsetzen, indem ich mit dem Frieden in mir selbst beginne.

Meine Mitmenschen beschenken, indem ich liebe und verzeihe, bis es wehtut.

Mein Leben als ein einmaliges Geschenk betrachten, indem ich mir in meinem Herzen eine Dankbarkeit bewahre, mit der ich es zu würdigen weiß.

Mir am Ende beim Blick in den Spiegel entspannt in die Augen schauen können, weil ich mir in einem liebevollen Umgang mit mir selbst auch einen würdevollen Umgang mit mir selbst verliehen habe, der zum Wohle aller auch den Respekt und die Akzeptanz der anderen verdient.

Mir klarmachen, dass ein notwendiger Umweltschutz und somit ein würdevoller Umgang mit der Schöpfung gerade dann am besten gelingen, wenn ich für einen Schutz in meiner Seele sorge, mit dem sie zu einer Liebe fähig ist, mit der jedes Vorhaben am besten gelingt.

Alt werden heißt sich selbst ertragen lernen.
(Hans Kudszus)

Beziehungen gestalten

Einen geliebten alten Menschen würdigen

Dich würdigen, indem ich dich besuche und dir bei all den notwendigen Arbeiten helfe, die du nicht mehr bewältigen kannst.

Dich würdigen, indem ich dich ernst nehme und mich in einem Gespräch tief in dich einfühle, um herauszuhören, was du brauchst.

Dich würdigen, indem ich dich an einsamen Tagen zumindest einmal anrufe, möchte ich doch, dass du deine Freude am Leben nicht verlierst.

Dich würdigen, indem ich ein Bild von dir aufstelle, habe ich doch eine Liebe von dir erfahren, die mich schon in frühen Jahren in meinem Herzen berührt und begleitet hat.

Dich würdigen, indem ich bis zum Ende deines Lebens dein Recht auf ein selbstbestimmtes Leben ernstnehme, deine Meinung toleriere, auch wenn ich anderer Überzeugung bin.

Dich würdigen, indem ich für dich bete, weil ich mir wünsche, dass du auf ewig glücklich sein kannst.

Eine Liebe ohne Treue ist wie ein Himmel ohne Sterne.

Eine treue Liebe aber wie ein Stern voller Hoffnung, der auch an dunklen Tagen für uns strahlt.

Die Liebe ist ein geistiges Band, das der Tod nicht zerschneiden kann.

Freunde im Alter – wertvoller als Gold

Wie gut ist es, wenn Sie gerade im Alter um einige Freundinnen, Freunde oder andere vertrauenswürdige Menschen wissen, denen Sie sich sowohl in schönen als auch in trüben Stunden anvertrauen können. Nützt es Ihnen doch nichts, wenn Sie einsam und allein auf einem großen Anwesen leben, in dem Sie keine Lebendigkeit mehr spüren, weil Sie keinen Besuch mehr erhalten. Wissen Sie hingegen um einen Freundeskreis, dem Sie sich frühzeitig angeschlossen haben, dann werden Sie auch im Alter nicht so schnell vereinsamen. Gerade in einer sehr individualisierten Zeit, in der in den Städten mittlerweile 40 % Singlehaushalte existieren, wodurch dort auch viel Einsamkeit und Trauer vorhanden sind. Allerdings werden gerade in den Städten nicht zuletzt aus diesem Grunde Treffs für Seniorinnen und Senioren angeboten, sodass sich diese bei kirchlichen Trägern, in Volkshochschulen oder anderen ähnlichen Einrichtungen treffen können.

Ich jedenfalls, liebe Leserin, lieber Leser, wünsche Ihnen all die Freunde und Freundinnen, die Sie brauchen, um auch im fortgeschrittenen Alter glücklich und zufrieden zu sein. Gerade, weil nach einer Umfrage die Mehrheit der Deutschen nicht um mehr als ein bis zwei Freunde in seinem Umfeld weiß.

Den Schatz eigener Lebenserfahrung weitergeben

Was Sie jüngeren Menschen mit Sicherheit voraushaben, ist Ihre Lebenserfahrung. Ein wahrhaft wertvoller Schatz. Leider wird dies in unserer konsumorientierten Gesellschaft nicht intensiv genug wahrgenommen, sodass ältere Menschen gerade in unserer individualisierten Gesellschaft völlig unbegründet zu schnell in Vergessenheit geraten. Dennoch haben Sie die Möglichkeit, sich persönlich mit Ihren Gaben und Ihrer Lebenserfahrung dort einzubringen, wo Menschen davon profitieren können. Sei es in einem Ehrenamt in der Schule, als Mensch mit viel Berufserfahrung bei einem Arbeitgeber oder in einer sozialen Einrichtung, in der der Personalbedarf nicht ausreichend gedeckt ist. Zudem können Sie sich, so lange wie Ihre Kräfte dies zulassen, bei Ihrem vorherigen Arbeitgeber als geringfügig Beschäftigte oder Beschäftigter tätig sein, zumal viele oftmals händeringend nach Auszubildenden suchen und unter Personalmangel leiden.

Um die Beziehung zwischen alten und jungen Menschen zu fördern, könnte der Gesetzgeber mehr für ältere Menschen tun, indem er das Bauen von Mehrgenerationenhäuser fördert, den steuerfreien Zusatzverdienst für Rentner erhöht (immer mehr Rentnerinnen und Rentner leben unter der Armutsgrenze) oder beispielsweise Theateraufführungen oder ähnliches von Schülerinnen und Schülern in Seniorenheimen gezielt fördert.

Würdevoll in andere einfühlen

Je mehr wir unseren Nächsten mit unserer begrenzten Wahrnehmung in seiner geheimnisvollen Vielfalt kennenlernen, desto eher sind wir in der Lage, ihn als einzigartige Persönlichkeit zu würdigen. Gehen wir noch eine Stufe weiter und stellen wir uns einmal vor, wir wüssten alles von dem anderen oder stünden in seiner Haut oder würden gar sein Leben leben, dann würden wir ihn auch viel besser verstehen und ihn auch mehr in seinem ganzen Sosein akzeptieren und ihm nicht mehr mit einem möglichen Hochmut oder einer Arroganz begegnen, die wir hin und wieder auch aufgrund unserer eigenen Überheblichkeit an den Tag legen. Wollen wir unseren Nächsten in seinem ganzen Menschsein würdigen, dann wird uns das am besten gelingen, wenn wir uns so gut wie möglich in ihn einfühlen. Allerdings scheint dies vielen Menschen immer schwerer zu fallen, weil wir in einer zunehmend digitalisierten Welt leben, in der sich auch schon bei jungen Menschen mehr Einsamkeit erkennen lässt, sodass auch sie sich schon nicht mehr in einer fühlbaren Nähe begegnen, wie dies zu früheren Zeiten einmal der Fall war. Bei vielen wird dies schon am morgendlichen Frühstückstisch mit den Kindern spürbar, wenn Kinder und Eltern dazu neigen, zunächst einmal lieber das eigene Smartphone zu bedienen, als sich mit einer liebevollen Umarmung auf eine gewisse Weise gegenseitig zu würdigen. Dies aber ist ein Grund, warum wir mehr Räume brauchen, in denen wir gerade alte Menschen, die die Gesellschaft mit aufgebaut und Kinder versorgt haben, in ihrer Lebensleistung würdigen.

Daneben stellt sich die Frage, ob wir auch bereit sind, einen Menschen zu würdigen, der in einer zunehmend gespaltenen Gesellschaft an oder etwas anderes glaubt als wir selbst? Gelingen jedenfalls kann uns meiner Meinung nach eine notwendige Toleranz und ein würdevolles Verhalten auch gegenüber alten Menschen, wenn wir uns wieder mehr auf die christliche Botschaft besinnen, in der wir aufgefordert werden, unseren Nächsten und uns selbst zu lieben. Dass wir unseren eigenen Glauben, wenn wir ihn denn in uns zulassen, vorleben und nicht versuchen, unsere Mitmenschen mit Gewalt von unserem Glauben zu überzeugen und ihn auch dann zu würdigen, wenn er einen anderen Glauben oder andere Einstellung gegenüber dem Leben vertritt als wir selbst. Und dass wir uns andererseits aber auch bewusstmachen, dass wir gerade dann umso fester in unserem Glauben der Nächsten- und Selbstliebe stehen, wenn wir uns auch selbst würdigen, indem wir uns in einer Liebe begegnen, mit der wir uns auch all das verzeihen, was wir im Nachhinein in unserem eigenen Tun nicht mehr als sinnvolles oder würdiges Verhalten gegenüber unseren Nächsten ansehen können, weil wir lieblos oder ungerecht gehandelt haben. Fühlen wir uns in unsere Mitmenschen und in uns selbst mit Liebe ein, indem wir unseren Nächsten und unserem eigenen Herzen gut zuhören, dann werden wir auch nicht innerlich so sehr erkalten und es nicht zulassen, dass eines Tages seelenlose Roboter, die wir selbst hergestellt und programmiert haben, die Betreuung von älteren Menschen übernehmen. Roboter, die zwar Empathie auf eine hervorragende Weise vortäuschen können, in ihrem Inneren aber so programmiert sind, dass sie sich nicht wie wir Menschen in ihrem Gewissen und in ihrem Geiste von sich selbst distanzieren und hinterfragen können. Seelenlose Roboter werden uns in der Betreuung in Wirklichkeit nicht viel nutzen, weil sich dieser nicht wirklich in uns einfühlen und auch einmal auf authentische Weise mit uns weinen kann. Zudem sind Roboter, Gott sei es gedankt, nicht in der Lage, wie wir Menschen zu träumen oder Visionen, einen Glauben, eine Liebe und Hoffnung in ihren Herzen zu tragen, wie uns dies als Menschen so einzigartig auszeichnet. Menschen brauchen Menschen, die sich in sie einfühlen. Spalten wir aber das Alter und die alten Menschen von uns ab, dann verhalten wir uns selbst wie seelenlose Roboter, die sich von sich und ihrer Wirklichkeit, das alles mit allem zusammenhängt und nichts ohne dem anderen wie auch in der Umwelt existiert, selbst entfernt haben. Gerade wenn wir uns in einen Menschen einfühlen und ihm gut zuhören, schenken wir unserer Seele einen Reichtum und eine Toleranzfähigkeit, die uns vor ausgrenzender Engstirnigkeit bewahren. Fördern wir den Kontakt zwischen Enkelkindern und Großeltern, dann ernten die Enkelkinder einen frühen beziehungsmäßigen Reichtum und auch einen inneren Halt, den sie in den oberflächlichen Beziehungen in den sozialen Netzwerken so nicht erfahren können.

So möchte ich an dieser Stelle noch einmal auf die Förderung von Mehrgenerationenhäusern hinweisen, für die sich der Staat in der Gestalt von Rahmenbedingungen einsetzen kann. Ist doch gerade das für alle Zeiten zeitgemäß, was in Wirklichkeit naturgemäß von Anfang an zusammengehört. Unterschiedliche Generationen, die auch gut zusammenleben können, wenn sie denn einfühlsam miteinander kommunizieren.

Es ist gut, wenn uns die verrinnende Zeit
nicht als etwas erscheint, das uns verbraucht,
sondern als etwas, das uns vollendet.

(Antoine de Saint-Exupéry)

Barmherzig sein

Ein junger Mann, der von seinem Vater unterdrückt wurde, flüchtet voller Zorn aus dem Elternhaus. Er hat sich die Frage nach Gott nie gestellt, sodass er an einer Weggabelung aus Wut ein Kreuz zertrümmert. Kurz darauf kommt ihm ein älterer Herr entgegen, der auf einem Pilgerweg ist. Als er auf den jungen Mann trifft, der weinend vor dem zertrümmerten Kreuz sitzt, beugt er sich mühsam zu ihm hinab und fragt ihn, ob er irgendetwas für ihn tun könne.

Der junge Mann ist überrascht von der ungewohnten Zuneigung, die er von dem älteren Herrn erfährt. Er weist ihn zwar kurz ab, lässt sich nach einem kurzen Dialog doch auf ein ausgiebiges Gespräch mit ihm ein. Als der junge Mann unter Tränen dem älteren Herrn seine Lebensgeschichte erzählt, nimmt ihn dieser in den Arm und streicht ihm über sein Haar. Zum ersten Mal in seinem Leben fühlt der junge Mann so etwas wie Geborgenheit, sodass all die gefrorenen Tränen in seinem Herzen durch die Wärme des älteren Herrn in ihm zu fließen beginnen.

Nachdem der junge Mann an der Brust des älteren Herrn ausgedrückt hat, sieht er wieder klarer, sodass er auch besser wahrnimmt, wie eingeschränkt und mühselig sich der ältere Herr in seinem Körper bewegt. Daraufhin fragt er ihn, ob er etwas für ihn tun könne. »Ja«, sagt der ältere Herr. »Sorgen Sie bitte dafür, dass dieses zertrümmerte Kreuz wiederhergerichtet wird. Es ist ein Symbol dafür, wie mitfühlend und barmherzig unser Vater im Himmel ist.«

Zum ersten Mal hatte der junge Mann durch die Begegnung mit dem älteren Herrn Gott in seinem Herzen gespürt.

Gerade als ältere Menschen haben wir die Möglichkeit, jungen Menschen die Zuneigung zu schenken, nach der sie sich oftmals nach zerrütteten Verhältnissen in den familiären Beziehungen sehnen.

Gemeinsam über die eigene Biografie sprechen

Biografiearbeit ist heilsam und ermutigend zugleich. Mit ihr haben Sie die Möglichkeit, auf ein facettenreiches Leben und positive Erfahrungen, die Sie im Herzen berührt haben, zurückzublicken. Ist Ihnen die Vergangenheit präsent, können Sie die Gegenwart bewusster leben und entspannter in die Zukunft schauen. Führen Sie Gespräche mit Menschen, von denen Sie sich gerade an einsamen Tagen ernst, angenommen und gewürdigt fühlen, dann bleiben Sie lebendig und werden damit vor unnötiger Betrübtheit und Einsamkeit bewahrt. Zudem werden Sie bei diesem Austausch, bei dem Sie sich nicht mit negativen Prognosen belasten sollten, mehr von möglichen empfundenen Schmerzen und Ihrem eigenen Alterungsprozess abgelenkt, sodass sich eine zuvor empfundene Trauer auch in eine innere Heiterkeit verwandeln kann. Insbesondere dann, wenn Sie mit anderen über schöne Ereignisse sprechen, die Sie einmal erleben durften. Außerdem können Sie bei einem gemeinsamen Gespräch auch Fotos aus vergangener Zeit anschauen, wenn Sie das Bedürfnis haben, über Ihre Lebensgeschichte und andere wichtige Ereignisse in Ihrem Leben zu sprechen. Natürlich können Sie auch Ihren Kindern oder Ihren Enkelkindern etwas aus einer Zeit erzählen, die Ihnen so nicht zugänglich ist, beispielsweise Kriegserlebnisse, die unsinnig waren, sodass Sie auf diese Weise auch in hohem Alter noch einen Beitrag zur Gesellschaft leisten können. So können Sie junge Menschen für den Erhalt einer Demokratie ermutigen, zumal menschliche Freiheit keine Selbstverständlichkeit, sondern eine Errungenschaft ist, die immer wieder gefestigt werden muss. Zumal wir in ihr die Möglichkeit haben, unsere Meinung frei zu äußern. Vielleicht kennen Sie einen vertrauenswürdigen, geduldigen Menschen, der sich für Sie interessiert, sodass Sie bei ihm den Raum finden, um sich zu öffnen.

Förderung des Austauschs zwischen alten und jungen Menschen

Alten und jungen Menschen tut es gut, wenn sie sich so früh wie möglich nahekommen und sich schätzen lernen. Kann doch gerade so ein tieferes Verständnis und mehr Respekt zwischen den unterschiedlichen Generationen entstehen, welche wir brauchen, wenn wir uns nicht gegenseitig ausgrenzen, diskriminieren oder ältere Menschen ins Abseits drängen wollen. Gerade, weil in unserer heutigen Zeit, in der die Großfamilie aus einer früheren Generation so nicht mehr existiert, ein gewisses Vertrautsein zwischen Alt und Jung notwendig ist. Haben hingegen junge Menschen, die in einem aggressiven familiären Umfeld aufgewachsen sind, kein Kontakt zu alten Menschen erfahren, dann müssen wir auch damit rechnen, dass sie sich aufgrund einer eigenen Aggression an der Schwachheit und Hilfsbedürftigkeit älterer Menschen abreagieren und diese auf würdelose Weise gar beschimpfen und verletzen. So verwundert es auch nicht, dass unter Jugendlichen die Aussage »He, Alter« in einer abschätzigen würdelosen Sprache für ein inneres Aggressionspotential im Alltag regelmäßig benutzt wird. Zudem werden immer mehr Lehrkräfte von Jugendlichen beleidigt und bedroht, sodass wir uns fragen sollten, wie wir in Zukunft damit umgehen wollen.

Kindergartenkinder und Grundschüler lernen auf der Beziehungsebene früh eine notwendige Toleranz, wenn sie gemeinsam mit ihren Lehrerinnen und Lehrern alte Menschen im Seniorenheim besuchen. In einem Projekt könnten sie beispielsweise Lieder einüben, die sie den alten Menschen vorsingen könnten. Welch eine Freude hierbei die alten Menschen erleben können, brauche ich an dieser Stelle nicht zu erwähnen, gerade an Festtagen wie Weihnachten oder Ostern, an denen sich viele einsam und verlassen fühlen. Ebenso können Sie in den jeweiligen Einrichtungen auf spannende Weise aus Ihrem Leben erzählen, damit sich die jungen Menschen angesprochen fühlen und sich für dieses Thema interessieren. Auch indem wir die Kinder der Menschen aus der Zeit des Nationalsozialismus hören, die die oftmals traumatisierenden Erfahrungen der Kriegsgeneration in der Familie mitgetragen haben. Wir fördern den gesellschaftlichen Zusammenhalt, wenn wir bereits mit Kindern in der Schule alte Menschen aufsuchen und diesen auf diese Weise eine Freude machen. So können Kinder alten Menschen ein Gedicht vortragen, ein Lied vorsingen, ja hier gibt es sicher viele Möglichkeiten. Zumal eine Not, die wir mit ganzem Herzen lindern wollen, auch erfinderisch macht.

Was ich mir als älterer Mensch von der Gesellschaft wünsche

Dass die Gesellschaft wahrnimmt, dass die Würde eines Menschen nicht an Bedingungen geknüpft ist und ich die Möglichkeit habe, mich als älterer Mensch bis ins hohe Alter weiterzuentwickeln.

Dass man auch das Altern als eine zum Menschsein gehörende Entwicklung ansieht, in der ich eine entsprechende Alterskultur leben und gestalten kann.

Dass ich in meiner Verletzbarkeit, Abhängigkeit und Endlichkeit mit der Solidarität der anderen rechnen kann.

Dass meine Würde unabhängig von meinem Gesundheitszustand und meiner Lebenssituation geachtet wird.

Dass mein Recht auf Selbstbestimmung auch bei einer reduzierten Urteilsfähigkeit respektiert wird und in unklaren Situationen meinem mutmaßlichen Willen Rechnung getragen wird.

Dass man meine psychosozialen und leiblichen Bedürfnisse ernstnimmt und auch mein Sterben als ein Teil meines Lebens wahrgenommen wird.

Dass ich wertvolle Ressourcen und Erfahrungen in mir trage, die ich gut und gerne an andere weitergeben kann.

Dass man mir mit Respekt und Wertschätzung begegnet und ich vor Altersdiskriminierung geschützt bleibe.

Dass mein fortgeschrittenes Alter in einer Welt der Schönheitsideale nicht als etwas Defizitäres oder Krankhaftes angesehen wird und ich demzufolge in gewisser Weise unter Druck gesetzt werde.

Dass ich einen Wohnraum finde, der meinen spezifischen Bedürfnissen im Alter entspricht.

Dass die Gesellschaft anerkennt, dass ich meine Würde nicht dann verliere, wenn ich an Demenz erkranke, sondern sie gerade dann verliere, wenn ich bei der Pflege und in der Betreuung unwürdig behandelt werde.

Dass ich nicht wie ein Objekt behandelt werde, sondern auch mit einer Zuwendung rechnen darf, die bei einer erforderlichen Pflege in den Abrechnungssystemen berücksichtigt wird.

Partnerschaft im Alter

Umgang mit dem Partner

Wie wollen wir Freude in unserer Beziehung erleben, wenn wir unserem Partner vorwurfsvoll begegnen und nicht bereit sind, uns mit ihm zu versöhnen?

Wie wollen wir Liebe in unserer Beziehung spüren, wenn wir unserem Partner rechthaberisch begegnen, ihm bei unterschiedlichen Überzeugungen lange Vorträge halten und ihm belehrend gegenüberstehen?

Wie wollen wir die tiefen Geheimnisse im anderen erkennen, wenn wir uns nicht für ihn interessieren und in unserer Selbstumkreisung eine Blindheit ihm gegenüber entwickeln, mit der wir seine Nöte nicht mehr erkennen können?

Wie wollen wir uns mit unserem Partner entspannen, wenn wir intolerant werden und ihm bei einem unerwünschten Verhalten mit Liebesentzug drohen?

Wir müssen uns ausreichend Zeit für unseren Partner nehmen und versuchen, sein tiefes Lebensgefühl, seine tiefen Bedürfnisse und Sehnsüchte zu verstehen und mit ihm zu teilen, dann wird er sich von uns ernstgenommen und sich gerade in höherem Alter bei uns geborgen und gewürdigt fühlen. Bieten wir ihm eine Heimat in unserem Herzen an, wie er sie in einer zunehmend digitalen künstlichen Welt niemals finden kann.

Gemeinsam einen Weg in Würde gehen

Meinem Partner gerade in höherem Alter würdevoll begegnen, indem ich mich ihm gegenüber respektvoll verhalte und keine Macht ausübe, weil ich ihn beherrschen und über ihn bestimmen will. Ihn auch nicht auf egoistische Weise ausnutzen, wenn ich weiß, dass er oftmals zu selbstlos auf meine Wünsche reagiert.

Mich nicht über meinen Partner stellen, indem ich mit ihm konkurriere und mich dabei größer mache, als ich in Wirklichkeit bin.

Mir hin und wieder bewusstmachen, dass ich in meiner Beziehung nur frei bleiben kann, wenn ich mich gegenüber ihm nicht zu sehr anpasse, mich nicht unterwerfe, ehrlich zu ihm bin und ihm nicht nur das sage, was er von mir hören will.

Ihm immer wieder einmal sagen, was ich denke, was mich bewegt, was ich will und wie ich mich fühle, damit er in mir eine Echtheit erkennt, die mich vertrauenswürdig für ihn werden lässt.

Mir vor Augen halten, dass wir als Paar unsere Beziehung in stürmischen Zeiten, in denen ich oder wir auch mit Anfeindungen von außen rechnen müssen, auch unter den Schutz eines liebenden Schöpfergottes stellen können, der uns als Weg (Joh 14,6) auf unserem gemeinsamen Lebensweg begleiten und führen will.

Wir gehen würdig mit unserer Partnerin oder unserem Partner um, indem wir ihn respektvoll behandeln und verständnisvoll mit ihm umgehen. Insbesondere dann, wenn uns ein Partner von bedrückenden, gar traumatischen Erfahrungen aus einem Krieg oder von einer häuslichen Gewalt in seiner Kindheit berichtet.

Würdevoller Umgang in der Partnerschaft

Ein würdevoller und respektvoller Umgang ist Voraussetzung, damit Sie Ihrem Partner auch in höherem Alter tolerant, selbstbestimmt und echt begegnen können. Dabei ist es wichtig, dass Sie Ihren Partner auch in schwierigen Zeiten, in denen er sich hilfloser oder schwächer als zuvor fühlt, so annehmen, wie er ist, ihn so leben lassen, wie er leben will, und ihm die Freiheit lassen, die er für sich selbst braucht. Wenn Sie seine Bedürfnisse aber nicht ernstnehmen oder Sie gar versuchen, seinen Willen zu brechen, ihn zu unterwerfen, ihm seine Lebensweise vorzuschreiben oder seine Ihnen entgegengebrachte Liebe für Ihre eigenen egoistischen Ziele zu benutzen, dann gehen Sie lieblos mit ihm um und nehmen ihn in seinem Recht auf Selbstbestimmung nicht ernst. Dann missbrauchen Sie Ihre einst empfangene Liebe, weil Sie Ihren Partner wie Ihr Eigentum behandeln und dieses Verhalten dann auch noch an Ihre Kinder weitergeben, die dieses dann wieder der nachfolgenden Generation vorleben können. Ein solches von Gewalt bestimmtes Verhalten aber kann auch nicht im Interesse eines freiheitlich demokratischen Rechtsstaates sein, der in seinem Grundgesetz festgeschrieben hat, dass die Würde eines jeden Menschen unantastbar ist (Art. 1 GG). Wahre Liebe achtet die Selbstbestimmung des anderen und gibt der Gewalt keinen Raum. Nur arme Herzen glauben, dass Gewalt reich machen kann.

Gerade wenn Sie vor Ihrer Partnerschaft von Ihren damaligen Bezugspersonen geschlagen, missbraucht und entwürdigt wurden, ist es wichtig, dass Sie bei Ihrem Lebenspartner auch oder gerade im Alter, in dem Sie sich aufgrund von Krankheiten oder Schmerzen auch sehr unsicher fühlen können, ein würdevolles Verhalten erfahren, das Ihnen Geborgenheit schenkt und Sicherheit verleiht.

Eine Erfahrung, die wir unabhängig von unserem Lebensalter alle brauchen. Erfahren Sie bis ins hohe Alter einen ehrlichen fürsorglichen Partner, dann ist dies ein Geschenk, das unbezahlbar ist.

Alter schützt vor Liebe nicht,
aber Liebe vor dem Altern.
(Coco Chanel)

Einfühlsam bleiben

Gelingt es Ihnen, gemeinsam mit Ihrem Partner oder Ihrer Partnerin ohne Bitterkeit alt zu werden, dann werden Sie nicht nur zu einem Vorbild für all die Menschen, die sich in ihrer Liebe nach einer langen Gemeinschaft sehnen, sondern dann haben Sie auch den Respekt Ihrer Mitmenschen verdient, weil Ihnen dies in einer Welt mit immer weniger Werten und zunehmend sichtbaren Verführungen, gelungen ist. Haben Sie doch so geradezu eine wahre Liebes-Leistung vollbracht, nachdem doch jede Beziehung immer wieder einer Baustelle gleicht, auf der Sie täglich auf neue Herausforderungen reagieren müssen, damit das Haus Ihrer Beziehung auch aufkommenden Stürme standhalten kann. Gelingt es Ihnen mit Ihrem Partner oder Ihrer Partnerin in einer zunehmend komplexen Welt, in der sich Paare bei Konflikten lieber schnell trennen als gemeinsam durch dick und dünn zu gehen und ihre Konflikte zu lösen, dann werden Sie nicht nur zu einem Vorbild für Ihre Kinder, sondern Sie werden sie auch glücklich stimmen, weil diese Sie in ihrer Liebe zu Ihnen ohnehin am liebsten gemeinsam glücklich sehen möchten.

Um das Ziel, gemeinsam mit einem Partner oder einer Partnerin alt zu werden, zu erreichen, ist es wichtig, dass Sie sich mit einem realistischen Blick immer wieder bei Ihrem Partner oder Ihrer Partnerin hinsichtlich seiner oder ihrer Lebenserfahrungen einfühlen und ihn oder sie nicht nur sehen, wie sie ihn oder sie sehen möchten.

Sind Sie doch nur so in der Lage, ihn oder sie in seinem Gewordensein und seinen Reaktionen besser zu verstehen, als wenn Sie in keiner Weise seine oder ihre Prägungen und Verletzungen und die daraus resultierenden seelischen

Schmerzen in seinem oder ihrem Leben betrachten. Gelingt Ihnen dies, dann gehen Sie auch würdevoll mit ihm oder ihr um, weil Sie in Ihrer Liebe zu ihm oder ihr bereit sind, ihn oder sie in seiner oder ihrer eigenen Bedürftigkeit und in seinen oder ihren Sehnsüchten zu verstehen. Verlangen Sie aber, dass er oder sie sich Ihnen zuliebe verbiegt, weil Sie ein gewisses Verhalten von ihm oder ihr erwarten oder einfordern, dann geht es Ihnen in Wahrheit nur um sich selbst, sodass Sie ihn oder sie in seiner oder ihrer Persönlichkeit nicht wirklich wahrnehmen. Doch damit missbrauchen Sie ihn oder sie auf selbstbezogene Weise.

Gelingt es Ihnen, sich in Ihren Partner oder ihre Partnerin einzufühlen und das Kreuz seiner oder ihrer Belastungen gemeinsam mit ihm oder ihr zu tragen, dann zeigen Sie eine wahre, ja vorbildliche Liebe.

Letztlich tun wir gut daran, wenn wir ältere Menschen, die in ihrer Beziehung gemeinsam alt geworden sind, in Talkshows, in anderen Veranstaltungen oder in unseren Familien mehr zu Wort kommen lassen und ihnen damit zu verstehen geben, dass wir bereit sind, von ihrer Lebenserfahrung zu lernen und ihnen zu ihrer Lebens- und Liebesleistung gratulieren. Vermag doch gerade ihr vorbildliches Durchhaltevermögen in einer Zeit der Fake News und vieler Beziehungskonflikte eine Motivation für unsere eigenen Beziehungen zu sein.

Jede Liebe hat Würdigung verdient

Mit jedem ehrlichen Danke vermögen wir die Liebe Gottes und die Liebe unserer Mitmenschen zu würdigen. Verletzen wir aber den liebenden Gott oder einen Menschen, der sich zu seiner Liebe uns gegenüber bekennt, dann entwürdigen wir ihn. Liebe hat immer Würde verdient, zumal sie eine Ernsthaftigkeit ausdrückt, die kein Belächeln, keinerlei Hohn oder Spott, wohl aber eine ehrliche Antwort verdient. Bekennt uns ein älterer Mensch seine Liebe zu uns, dann spricht er von einem inneren Schatz, der ihm viel bedeutet, auch weil er mit zunehmendem Alter erkannt hat, dass Beziehung das Wesentliche im Leben ist. Bekennt uns ein Mensch, dass er uns liebt, dann haben wir allen Grund, ihm mit Respekt zu begegnen und uns in unserem Inneren vor ihm zu verneigen. Gerade weil sie Christus, den Liebenden aller Liebenden in ihrer blinden Lieblosigkeit gekreuzigt haben, obwohl er doch einen jeden von uns liebte und liebt. Denn seine vollkommene Liebe grenzt niemanden aus, sodass gerade sie unserer größten Würdigung verdient. Danken wir ihm für seine Liebe, dann erkennen wir auch an, was er für uns getan hat. Er, der unser Danke mit seiner Liebe gewiss zu würdigen weiß.

Einen pflegebedürftigen Partner begleiten

Sicher wird sich Ihre Partnerin oder Ihr Partner in der Zeit, in der er pflegebedürftig geworden ist, einen würdevollen Umgang von Ihnen wünschen. Auch weil er oder sie sich in seiner oder ihrer Lebenssituation vielleicht nicht mehr gebraucht und überflüssig fühlt, sodass er oder sie daraufhin an Lebensmut und -freude verliert und das Gefühl bekommt, dass er oder sie Sie mit seiner oder ihrer Hilfsbedürftigkeit zu sehr belasten könnte. Wie wertvoll ist es dann für ihn oder sie, wenn er oder sie von Ihnen hört, dass Sie sich gerne um ihn oder sie kümmern, dass er oder sie Ihnen etwas bedeutet und sich gerne in ihn oder sie einfühlen. Ja, es wird ihm oder ihr sehr guttun, wenn Sie ihm oder ihr aufmerksam zuhören, ihn oder sie ermutigen und heraushören, was er oder sie in seiner oder ihrer Hilfsbedürftigkeit braucht.

Begegnen Sie ihm oder ihr in dieser Zeit aber mit einer gewissen Traurigkeit, weil Sie sich das Leben mit ihm oder ihr anders vorgestellt haben, dann kann sich diese Traurigkeit auf ihn oder sie übertragen, sodass es wichtig ist, dass Sie sich intensiver mit Ihren eigenen Bedürfnissen auseinandersetzen, um so zu einem klaren Ja oder Nein in der

Pflege zu finden, damit die Beziehung nicht zu einer dauerhaften schweren Belastung für Sie wird. Gut ist es unter anderem auch, wenn Sie bei einer spürbaren erkennbaren Überforderung therapeutische Hilfe in Anspruch nehmen oder eine Selbsthilfegruppe aufsuchen, in der Sie sich mit gleich Betroffenen austauschen können. Letztlich liegt es bei der Pflege Ihres Partners oder Ihrer Partnerin auch an Ihnen, unerfüllte Träume in Ihrer Beziehung loszulassen, die Situation so anzunehmen, wie sie ist, damit keine Bitterkeit entsteht, die Ihre Beziehung zunehmend belasten kann. Ist doch der innere Frieden, eine innere Versöhnung mit den Umständen die Voraussetzung, um offen für die Bedürfnisse des anderen zu sein. Ist Ihr Partner oder Ihre Partnerin dauerhaft auf Ihre Hilfe angewiesen, dann kann eine Schieflage, eine »Nimmschuld« entstehen, sodass er oder sie danach strebt, all das auszugleichen, das Sie an Hilfe gegeben haben. Dies aber kann zu unnötigem Stress in ihm oder ihr führen, sodass Sie ihn oder sie von der imaginären »Nimmschuld« entlasten können, indem Sie sagen, dass Sie gerne für ihn oder sie da sind.

Betreuen wir einen pflegebedürftigen Partner, dann müssen wir auch mit Tagen rechnen, in denen wir uns überfordert fühlen. Dann ist es wichtig, dass wir uns Hilfe von außen holen, tief durchatmen und uns vor Augen halten, dass wir auch an dieser Situation wachsen werden, wenn wir bereit sind, uns aus Liebe zu einem Menschen einer Situation, in der auch Tränen fließen können, zu stellen.

Wollen Sie Ihrem Partner oder Ihrer Partnerin etwas Gutes tun, dann kann es ihm oder ihr, sollte er oder sie gar an einen Rollstuhl gebunden sein, guttun, wenn Sie ihn oder sie öfter an die frische Luft fahren, damit er oder sie auch die Natur bestaunen und genießen kann. Am besten an einem schönen Ort, an dem er oder sie sich schon zu früheren Zeiten gerne aufhielt oder den Sie beide gerne aufgesucht haben. Zudem kann sich dann seine oder ihrer in ihm oder ihr aufkommende Freude auch auf Sie übertragen, sodass Sie gemeinsam mehr Freude erleben.

Sind Sie in Ihrer Beziehung allerdings an einem Punkt angelangt, an dem Sie Ihrem leidenden Partner oder Ihrer leidenden Partnerin kein Mitgefühl mehr zeigen können, dann sollten Sie auch ehrlich sein und sich entsprechend von ihm oder ihr distanzieren, weil Sie ihm oder ihr sonst in Ihrer eigenen Aggression oder Wut trotz seines schwierigen Zustandes unnötig zusätzlich verletzen und entwürdigen können. Damit aber ist niemandem gedient.

Begleitung während einer Erkrankung

Ihr Partner oder Ihre Partnerin wird sich sicher freuen, wenn Sie während einer Erkrankung an seinem oder ihrem Bett sitzen, ihm oder ihr etwas erzählen oder etwas vorlesen und ihm oder ihr zu verstehen geben, was sie ihm oder ihr bedeuten. Geben Sie ihm oder ihr aber auch ausreichend Zeit für sich selbst, wenn Sie den Eindruck haben, dass er oder sie dies möchte, gerade wenn es ihm oder ihr schwerfällt, diesen Wunsch Ihnen gegenüber zu äußern. Heißt doch Liebe auch immer, dem anderen die Freiheit zu geben, die er für sich selbst braucht. Geben Sie ihm oder ihr andererseits aber auch zu verstehen, dass Sie sich ihm oder ihr gegenüber zurückhaltend verhalten werden, wenn Sie bemerken, dass er oder sie nichts für seinen oder ihren eigenen Heilungsprozess unternimmt und seine oder ihre Krankheit benutzt, um sich in der Opferrolle in erster Linie von Ihnen versorgen und bedienen zu lassen. Wenn Sie Ihren Partner oder Ihre Partnerin bei einer Erkrankung spüren lassen, dass Sie lieber Ihren eigenen Interessen nachgehen und ihn oder sie demzufolge in seiner oder ihrer Erkrankung nicht wahrnehmen, dann wird er oder sie sich womöglich von Ihnen verlassen fühlen, sodass seine oder ihre Zuneigung gegenüber Ihnen auf Dauer schwächen und sich Ihre Beziehung womöglich für immer zum Nachteil verändern wird.

Einen alten Menschen mit Hingabe lieben

Mich zu dem anderen hinabbeugen und ihm aufhelfen, wenn er nicht mehr aufstehen kann.
Ihm etwas vorlesen, wenn er nicht mehr gut sehen kann.
Den anderen umarmen, wenn er sich einsam und verloren fühlt.
Ihm die Tränen abwischen, wenn er am Trauern ist.
Dem anderen Hoffnung machen, wenn er den Glauben an die Zukunft verliert.
Ihm Mut machen und ihn trösten, wenn er in sich verunsichert ist.
Für den anderen da sein und ihm all das geben, was auch wir uns in der Not von ihm wünschen würden.
Und ihm auch die Freiheit geben, die er braucht, wenn er sich in einer Beziehung eingeengt fühlt.

In eine Weite blicken, in der kein Alter zählt

Mich an einen stillen Ort begeben,
an dem ich zur Ruhe finde,
damit ich in eine Wahrheit eintauchen kann,
die in einem Meer unendlicher Liebe existiert.

Loslassen,
was mich binden will,
die Hände öffnen,
still werden,
mit dem Herzen denken
und die Wunder des Lebens bestaunen.

Tief ein- und ausatmen,
mich loslassen
und mich darüber freuen,
dass ich auch dann geliebt bin, wenn ich nichts leiste.

Ein Gebet sprechen
und meine Seele einer Weite überlassen,
in der es keine Enge gibt.

Mich von dem Geist einer göttlichen Kraft erfüllen lassen,
die mich in den Unwägbarkeiten des Lebens führen und
mir ein Leben in Fülle schenken will.

Zärtlichkeit – eine Vitaminspritze für die Seele

Sollten Sie sich ausgebrannt fühlen, dennoch aber versuchen mit Gewalt und Verbissenheit leistungsfähiger zu werden, dann strengen Sie sich womöglich über Ihre Belastungsgrenze hinaus an, sodass Sie sich am Ende mehr schaden als helfen. Ist es in diesem Falle doch zunächst einmal wichtiger, dass Sie auf die Warnsignale Ihres Körpers hören und ihm die Ruhe zu gönnen, die er braucht. Dies gilt im gleichen Maße für Ihre Seele, wenn Sie mit vertrauten Menschen Ihre Konflikte besprechen, um sich auf diese Weise etwas von Ihren Problemen zu distanzieren. Denn oftmals spricht der Körper gerade dann zu uns, wenn wir die Konflikte in unserer Seele nicht ernstnehmen. Gespräche sind insbesondere dann sehr angebracht, wenn Sie versuchen, Ihre seelischen Konflikte oder Ängste mit Hilfe von Medikamenten zu beseitigen, auf diese Weise Ihre Stimmung zu verbessern oder Ihre innere Unruhe zu dämpfen, sodass Sie am Ende auch noch abhängig von diesen werden. Auch wenn Sie verstärkt unter Einsamkeit leiden, wird es Ihnen nichts nützen, wenn Sie diese Gefühle mit stofflichen Tröstern zu lindern versuchen.

Was in dieser Zeit vielen Menschen bis heute geholfen hat, sind all die Haustiere, die Sie streicheln und berühren konnten. Zudem hat das Streicheln eines Tieres, unabhängig von der Ablenkung, die wir dabei erfahren, auch immer eine blutdrucksenkende Wirkung. So ist und bleiben Zuneigung und Streicheleinheiten natürliche unbezahlbare Geschenke, die uns allen guttun und uns in der Regel eine längere Gesundheit bescheren als ein dickes Bankkonto, das uns an einsamen Tagen nicht trösten kann.

Impuls:

Gerade wenn wir unter Stress stehen oder unter Einsamkeit leiden, kann es sehr hilfreich sein, mit Gott oder vertrauten Menschen über unsere Ängste und Sorgen zu sprechen. So tun gerade in der Pandemie den Menschen auch geöffnete Kirchenräume gut, damit sich die Menschen auch auf diese Weise in Gott geborgener fühlen.

Zudem tut es gerade in fortgeschrittenem Alter gut, wenn wir öfter den Partner oder die Partnerin umarmen, gerade wenn wir, aus welchem Grund auch immer, innere Kälte spüren. Sollte dies nicht möglich sein, kann auch schon eine Wärmflasche einen kleinen Dienst erbringen.

In der Partnerschaft man selbst bleiben

Lieben heißt nicht, sich der schlechten Stimmung der Partnerin oder des Partners anzupassen oder unkritisch seinem Willen zu folgen.
Lieben heißt nicht, mehr bei dem anderen als bei mir selbst zu sein, indem ich mich ihm unterwerfe und meine eigenen Bedürfnisse vernachlässige.
Lieben heißt nicht, mich von der Liebe des anderen zu ernähren, wenn ich in meinem Geist hungrig und unerfüllt bin.
Lieben heißt, zunächst einmal mich selbst zu lieben, damit ich auch den anderen lieben kann.
Ja, Liebe wird zu einer echten Bereicherung für den anderen, wenn ich ihm das gebe, was er braucht, und nicht das, was er von mir haben will.

Späte Liebe im Alter

Wir behandeln ältere Menschen würdelos, wenn wir sie für eine späte Liebe zu einem anderen Menschen kritisieren, obwohl eine Liebe als Geschenk nicht von der Zeit oder vom Alter eines Menschen abhängig ist. Doch viele finden es lästig, wenn sich sehr alte Menschen in der Öffentlichkeit zärtlich berühren oder küssen, sodass ältere Menschen wiederum befürchten, sie könnten für ihr Verhalten diskriminiert werden. Ich aber frage mich, welches Recht wir besitzen, ausgedrückte Zärtlichkeit, in welchem Alter auch immer, zu tadeln oder zu bewerten. Und wer will uns vorgeben, welches Verhalten in einer Gesellschaft, in der ein jugendliches Aussehen angepriesen wird, geduldet werden kann und welches nicht? Fest jedenfalls steht, dass wir alle alt werden und uns in welchem Alter auch immer, alle nach Zärtlichkeit sehnen. Zeigen wir anderen aber, dass ihre Zärtlichkeit in einem gewissen Alter nicht in unsere Vorstellungen passt, dann betreiben wir eine subtile Form der Freiheitsberaubung an denen, die oftmals unter Einsamkeit und einer unerfüllten Sehnsucht nach Geborgenheit leiden. Demgegenüber nutzen immer häufiger Senioren die Angebote einer Partnerbörse oder Singlebörse. Bietet doch die Liebe im Alter viele Chancen zum späten Glück. Eine solche Beziehung kann häufig sogar stabiler sein als in jüngeren Jahren. Beide Partner haben in der Regel bereits vieles erlebt und sind durch diese Erfahrungen bewusster im Umgang mit einem Partner oder einer Partnerin geworden. Alte Verhaltensmuster, die etwa mit dem Ex-Partner noch für viel Streit gesorgt haben, vermögen sich dann im Alter zu relativieren. Auch der Stress des berufstätigen Alltags gehört der Vergangenheit an, was das Konfliktpotenzial in Partnerschaften stark reduziert. Zudem sind ältere Menschen eher mit sich im Reinen, was eine wichtige Voraussetzung für eine funktionierende Beziehung ist. Sie wissen oft ganz genau, was sie wollen – und was nicht (mehr). Und das sind sie auch bereit, zu äußern und einzufordern. Kompromisse, die einen oder beide Partner nicht glücklich machen, werden dann oft nicht eingegangen. Andererseits sind viele Menschen mit dem Alter toleranter geworden. Die Idealvorstellung von einer Beziehung hat sich nicht selten geändert, viele Senioren wissen, dass es den perfekten Partner oder die perfekte Partnerin ohne jeden Fehler nicht gibt. Ältere Menschen sind eher bereit, Macken oder Schrullen des anderen in einer Beziehung hinzunehmen, wenn die Grundbedingungen stimmen.

Der größte Irrtum junger Menschen
ist ihre Vorstellung vom Alter.
Ein gesunder alter Mann liebt wie mit zwanzig.
(Hermann Kesten)

Altern

Ja zum Altern sagen,
und mit Freude der Hetze des Berufsalltags entsagen.
Das Altern als eine heilige Aufgabe ansehen
und sie mit Ehrfurcht vor der Schöpfung angehen.
Krankheiten annehmen und mich nicht belügen,
sondern Opfer bringen und Verzicht einüben.
Mit all meiner Kraft nach Freuden und tröstenden Quellen suchen,
um eine gewisse Begeisterung in meinem Herzen zu verbuchen.
Den reichen Schatz an schönen Bildern aus meiner Geschichte ansehen,
damit sie wie eine Sonne in meinem Herzen aufgehen.
Mir das Schauen, das Betrachten, die Kontemplation zu einer Übung
und Gewohnheit machen und die Blume der Geduld in mir blühen lassen.
Dankbar sein für all das, was nicht selbstverständlich war

und sich in meinem Herzen als ein unerwartetes Glück gebar.
Auf einer Bank sitzen und wahrnehmen, wie unterschiedlich sich
die Menschen benehmen, ganz ohne Kritik und großem Erstaunen.
Manchmal mit großer Freude, manchmal mit Lachen oder auch mit Humor,
komme ich so einer unsinnigen Selbstumkreisung zuvor.

Eifersucht und Würde

Misstrauische, eifersüchtige Partner kontrollieren den anderen Partner gerne (oftmals auch heimlich) und lassen ihm auch in fortgeschrittenem Alter keinen Freiraum. In ihrer eigenen Kontrollsucht und unterdrückenden Art entwickeln sie eine Blindheit gegenüber ihrer eigenen Unzulänglichkeit, sodass sie auch nicht mehr wahrnehmen, dass sie aufgrund ihres eigenen Verhaltens und ihrer fordernden Art am Ende selbst verlassen oder betrogen werden können. Eifersüchtige Partner hinterfragen ihre Eifersucht und ihren Kontrollwahn nicht, sondern begegnen ihrem Partner oder ihrer Partnerin vorwurfsvoll, weil sie sich in ihrem selbstgerechten Verhalten selbst als Opfer ansehen. Partner, die den jeweils anderen wie ihr Eigentum behandeln, zeigen ihm ein Herz aus Stein, weil sie den anderen für ihre eigene Unselbständigkeit oder Abhängigkeit benutzen und ihm auf diese Weise das Kleid der Würde entreißen.

Partner wiederum, die das übergriffige Verhalten des anderen dulden oder sich ihren Drohungen aus Angst ergeben, unterstützen ihr vereinnahmendes Verhalten nicht nur, sondern schaden sich auch selbst, weil sie sich in ihrer Opferrolle und Hörigkeit, in dem Glauben, dass sie sich nicht wehren können oder dürfen, mit zunehmender

Zeit an ein einengendes Gefängnis gewöhnen, in dem sie so gelähmt werden, dass es ihnen mit der Zeit immer unmöglicher scheint, daraus zu fliehen. Partner, die sich von dem jeweils anderen in unterdrückender Weise leben und beherrschen lassen, gewöhnen sich daran, beginnen zu schweigen und funktionieren wie Maschinen, die in ihrer inneren Leere kein gefühlsmäßiges Leben zeigen. Sie werden in ihrem Inneren traurig und hoffen vergeblich auf ein zufriedenes Leben. Sie verkaufen ihre Seele wie eine Prostituierte ihren Körper, sodass sie sich auch in ihrer eigenen Trauer über ihre eigene Wehrlosigkeit nicht nur mehr und mehr selbst ablehnen, sondern auch mehr und mehr eine Hartherzigkeit gegen andere entwickeln. Dadurch ist es wahrscheinlicher, dass sie andere missbrauchen, weil sie sich ihr eigenes Verhalten selbst nur schwer verzeihen und sich selbst nicht mehr lieben können. Frauen und Männer, die in einer Partnerschaft in tiefer Abhängigkeit leben, sind in sich selbst gefangen und brauchen Hilfe und Zuneigung von außen, weil sie in einer ernsthaften Auseinandersetzung mit sich selbst irgendwann feststellen werden, dass sie sich selbst belogen und betrogen und nicht die Kraft gefunden haben, ihrem Herzen zu folgen, weil sie ihre Seele an einen Partner verkauft haben, dem sie in unterwürfiger Weise gedient und wie einen Gott behandelt haben.

Partner hingegen, die den jeweils anderen lieben, vertrauen ihm und kontrollieren ihn nicht. Sie versuchen, den anderen glücklich zu machen, und lassen ihm die Freiheit, die sie für sich selbst brauchen. Sie interessieren sich für seine Geschichte, Interessen und Bedürfnisse, um in zärtlicher Weise gemeinsam mit ihm eine Heimat im Herzen finden, in der sie sich beide geborgen fühlen.

Pflege im Alter

Würde in der Pflege

Viele Menschen haben bei einem Umzug in eine Pflegeeinrichtung Angst, ihrer Würde beraubt zu werden, zumal man über die Medien viel über Skandale in Pflegeheimen hört, bei denen Bewohner vernachlässigt und misshandelt werden und ihre Würde missachtet wird. Manche Menschen haben bereits bei der Pflege das Gefühl, ihre Würde zu verlieren. Verbinden doch viele Selbstbestimmung und Eigenständigkeit mit einem Leben in Würde. Allerdings verlieren Pflegebedürftige einen Teil ihrer Selbstständigkeit, weil sie auf andere Menschen angewiesen sind. Deswegen ist es so wichtig, pflegebedürftige Menschen weiterhin als Menschen zu betrachten und nicht nur als hilfsbedürftiges Objekt, aus welchem man Profit schlagen kann. Letztlich hat ein Mensch das Recht, so lange selbstständig zu leben und Entscheidungen zu treffen, solange er dazu in der Lage ist.

Letztlich geht der Staat mit pflegebedürftigen Menschen würdig um, wenn er auch für das notwendige Personal in der Pflege sorgt. Selbst das Bundesgesundheitsministerium erkennt an, dass in allen Pflegeberufen Fachkräfte fehlen.[15]

Kein Mensch kann die in ihm angelegten Potentiale entfalten, wenn er in seiner Würde von anderen verletzt wird oder er gar selbst seine eigene Würde verletzt.

(Professor Dr. Gerald Hüther)

15 https://www.bundesgesundheitsministerium.de/themen/pflege/pflegekraefte/beschaeftigte.html

Die eigenen Eltern pflegen

Sollten in der Begleitung der Eltern große Probleme auftauchen, dann können Sie auch ein Coaching oder einen Kurs für Elternbegleiter in Anspruch nehmen. Dies kann Ihnen helfen, die veränderte Situation besser zu reflektieren und sich selbst besser vorbereitet und gestärkter zu fühlen. Gerade weil viele Menschen heute in einer sogenannten Sandwichgeneration leben, in denen sie als 60-Jährige ihre über-80-jährigen Eltern begleiten und auch noch eigene Kinder zu versorgen haben, die noch nicht ganz selbstständig sind. Zeigen sich die Eltern dann im Greisenalter wie Teenager, die ihr Verhalten falsch einschätzen, dann kommt es automatisch zu Konflikten zwischen Eltern und Kinder. Und dies in einer Zeit, in der die Eltern oftmals selbst unter einer Angst vor Abhängigkeit, Verlust ihrer Selbständigkeit, vor schwerer Krankheit, Schmerz und Tod leiden und bei einer Korrektur ihres Verhaltens empfindlich reagieren. Wie wertvoll ist es dann, wenn es uns hier gelingt, die Eltern wie ein Baby mit dem Herzen anzuschauen und sie in ihrer Hilfsbedürftigkeit zu sehen und dabei den Blick auch auf die Chancen zu lenken, die sich in einer gemeinsamen Beziehung zwischen Eltern und Kindern ergeben. Wichtig ist auch, dass wir bestmöglich mit der Situation umgehen und Vorwürfe in der Beziehung vermeiden.

Schätzen beispielsweise die Eltern ihr Fahrverhalten falsch ein, sind aber gleichzeitig froh, dass sie die Freiheit des Autofahrens noch besitzen, dann werden sie das Autofahren schon gar nicht dann aufgeben wollen, wenn Sie ihnen mit Vorwürfen begegnen. Dann ist es an der Zeit, dass Sie einen Experten wie einen Hausarzt einschalten und ein Gespräch zu dritt führen. Insgesamt stellt sich die Frage, wie Sie am besten mit Ihren Gefühlen wie Angst oder schlechtem Gewissen im Umgang mit den Eltern umgehen, wie Sie sich auf die Zukunft vorbereiten und mit der veränderten Situation umgehen können.

Zudem stellt sich die Frage, wie Sie bei aller Belastung eine liebevolle Atmosphäre gestalten und sich gleichzeitig Ihre Würde und Selbstbestimmung bewahren können und was der Rollenwechsel für Sie, Ihre Familie und Ihre Freunde bedeutet. Zudem sollten Sie mit dafür sorgen, dass niemand eine Opferrolle einnehmen kann, sondern den Eltern die Freiheit bei einer Entscheidung lassen, ihnen demgegenüber aber gezielt die Frage stellen, ob sie auch wirklich die Verantwortung übernehmen wollen, wenn sie aufgrund einer verminderten Sehfähigkeit oder einer langsamen Reaktionszeit einen jungen Motorradfahrer zu spät ausweichen und er bei einem Unfall zu Tode kommt. Es wird Ihnen guttun, wenn Sie sich bei der Begleitung der Eltern Unterstützung holen. Sei es beim Arzt, bei einem vertrauenswürdigen Nachbarn, dem Pfarrer, bei Freunden der Eltern oder bei Familienangehörigen. Nehmen diese Ihnen ein Teil der Arbeit gerne und freiwillig ab, dann werden Sie Ihren Eltern auch entspannter und mit weniger Druck begegnen können, sodass Sie Ihnen besser zuhören und diese Ihnen Geschichten aus Ihrem Leben erzählen können, die Sie dann auch beide bereichern können.

Umgang und Versöhnung mit einst gewalttätigen Eltern

Wurden Sie in Ihrer Kindheit von Ihren Eltern seelisch oder körperlich missbraucht, sodass Sie Ihnen in Ihrer erfahrenen Traumatisierung nur schwer verzeihen können, dann sollten Sie sich keine Vorwürfe machen, wenn Sie sich gegenüber ihnen trotz ihrer Hilfsbedürftigkeit zurückhaltend verhalten. Zwingen Sie sich aber trotz belastender Erfahrungen, einer vorhandenen Wut oder Bitterkeit Ihre Eltern vielleicht auch aus finanziellen Gründen zu begleiten und zu pflegen, dann gehen Sie lieblos und gewalttätig mit sich selbst um und werden daraufhin eine ohnehin schon vorhandene Zerrissenheit in Ihrer Seele nur noch verstärken. Dann ist es besser, wenn Sie die Beziehung zu Ihren Eltern mit Gott und vertrauenswürdigen Menschen besprechen, diese aufarbeiten und zunächst einmal ein Pflegedienst beauftragen, der die Pflege für Ihre Eltern solange übernimmt, bis Sie Ihren Eltern entspannt und versöhnt gegenübertreten können. Zumal gerade hilfsbedürftige alte Menschen ein gutes Gespür für das Verhalten Ihrer Kinder haben. Letztlich gehen Sie gut mit sich um, wenn Sie sich in der Beziehung zu Ihren Eltern auch weiterhin um eine Versöhnung bemühen, weil Sie sich sonst in Ihrem bitteren Herzen auch weiterhin selbst schaden oder lähmen werden. Versuchen Sie immer wieder einmal ein Gespräch mit ihnen zu führen und sich in sie einzufühlen, um mit dem vorhandenen Konflikt so gut wie möglich umgehen zu können. Wichtig ist, dass Sie so lange wie möglich versuchen die Beziehung zu klären, handelt es sich doch bei unseren Eltern um biologische Wurzeln, die uns auch zumindest einen gewissen Halt gegeben haben. Gelingt es Ihnen aber trotz aller Versuche nicht, sich mit einst gewalttätigen Eltern zu versöhnen, dann können Sie auch im Abstand zu ihnen für sie beten, anstatt in der Nähe zu ihnen an dieser Beziehung zu verzweifeln.

Überforderung bei der Pflege der Eltern

Es kommt öfter vor, dass ältere Menschen eine dauerhafte Pflege durch ihre Kinder nicht wünschen. Sie wollen ihren Kindern nicht zur Last fallen, wenn sie sehen, wie sehr sie selbst im Alltag eingebunden sind, sodass sie es bevorzugen, in einer Wohngemeinschaft mit anderen ihren Alters zu leben, in der sie sich dann unabhängiger und selbständiger fühlen. Dennoch spüren wir eine moralische Verpflichtung, unseren Eltern zu helfen, weil wir sie im Herzen lieben, vorausgesetzt, dass die Beziehung zwischen Ihnen und Ihren Eltern nicht zerrüttet ist. Sollten Sie Ihre Eltern pflegen, dann ist es wichtig, dass Sie einfühlsam und liebevoll mit Ihnen umgehen, zumal sie in ihrer Hilfsbedürftigkeit schnell spüren werden, wenn Sie ihnen verstockt, unversöhnt oder wütend gegenüberstehen. Liegen Sie mit Ihren Eltern im Streit und fühlen Sie sich in der Begleitung Ihnen gegenüber überfordert, dann können Sie auch blind für die Tatsache werden, dass Ihre Eltern einmal viele Opfer für Sie gebracht haben. Stehen Sie sich unversöhnt gegenüber, versuchen aber vielleicht aus finanziellen Gründen Ihre Eltern zu pflegen und zu begleiten, dann müssen Sie mit zusätzlichen Spannungen in der Beziehung rechnen, sodass auch das Gewaltpotential in der Beziehung steigen kann. In diesem Falle wird es sinnvoll sein, einen Pflegedienst zu beauftragen, damit es nicht zu einer gegenseitigen zusätzlichen Entwürdigung kommt. Sollten Ihre Eltern dann in einem Heim untergebracht werden, wäre es schön, wenn Sie trotz aller Spannungen ihre Lebensumstände dort prüfen, um sicherzustellen, dass man sich dort auch gut um sie kümmert.

Hilfe bei der Pflege annehmen

Gerade, wenn Sie unter einer chronischen Krankheit leiden oder schwere Schicksalsschläge ohne Bitterkeit durchlebt haben, haben Sie allen Grund, stolz auf sich zu sein. Allerdings sollte dies kein Grund sein, in einer eigenen Hilfsbedürftigkeit keine Hilfe anzunehmen, auch dann nicht, wenn Sie es gewohnt waren, mit großem Selbstbewusstsein Ihre Probleme selbst zu lösen. Grenzen Sie sich aufgrund einer unangemessenen Eigensinnigkeit von denen ab, die Sie unterstützen wollen, weil Sie der Meinung sind, dass Sie trotz einer zunehmend körperlichen oder auch geistigen Beeinträchtigung keine Hilfe brauchen und auch in Zukunft keine möchten, dann isolieren Sie sich zwangsläufig, sodass Sie sich am Ende nur selbst im Wege stehen und vielleicht auch noch bitter und somit ungenießbar für andere und sich selbst werden. Sie sollten bedenken, dass Ihre Kinder sich trotz Ihrer Liebe zu Ihnen unter Ihnen leiden könnten, wenn sie sehen, wie Sie sich unnötig selbst das Leben schwermachen und eine angebotene Hilfe verweigern, obwohl Ihnen Menschen Hilfe anbieten und Ihre Kinder sie aus Liebe zu Ihnen gut versorgt sehen möchten. Sicher ist es verständlich, dass Sie sich in höherem Alter ein Leben in Unabhängigkeit wünschen.

Dennoch lässt sich ein abhängiges Verhältnis zum Pflegepersonal (niemand von uns vermag völlig unabhängig zu leben) auch aushalten oder sogar genießen, wenn Sie sich nicht verschließen und ein gutes Vertrauensverhältnis zu denen aufbauen, die Ihnen Ihre Hilfe anbieten. Zudem sollten Sie sich vor Augen halten, dass das Pflegepersonal oder Ihre Angehörigen nicht für Ihre persönliche Geschichte und Ihre Einstellung verantwortlich sind. Verweigern Sie sich der Hilfe durch andere, dann sorgen Sie für eine zusätzliche Missstimmung beim Pflegepersonal, obwohl diese aufgrund des Pflegenotstandes ohnehin schon an ihrer Belastungsgrenze arbeiten, sodass sie froh sind, wenn sie sich aufgrund ihrer anstrengenden Arbeit auch selbst gewürdigt sehen. Haben Sie aber das Gefühl, dass man Sie in der Pflege würdelos behandelt oder Ihnen Medikamente verabreicht, die Ihnen nicht guttun, dann bringen Sie das unbedingt zur Sprache, sei es bei der Pflegedienstleitung, bei Ihren Angehörigen oder gegenüber Menschen, denen Sie vertrauen.

Anmerkung:

Damit ein möglichst harmonisches Verhältnis zwischen älteren Menschen und dem Pflegepersonal möglich werden kann, ist es wichtig, dass wir für ausreichend Pflegepersonal sorgen und diesem auch die Zeit zugestehen, die sie auch in der seelischen Betreuung gegenüber den zu Pflegenden brauchen. Gehen wir aber davon aus, dass sich seelische

Konflikte schon mit einem gewissen Zeittakt lösen lassen oder von selbst verschwinden, dann belügen wir andere und uns selbst und nehmen den zu Pflegenden die Würde, die sie gerade nach einem langen Leben verdient haben.

Du und Ich, wir alle führen einen Lebenskampf, nachdem wir nach unserer Geburt mit geballten Fäusten auf die Welt kommen und diese nie ganz öffnen, bis wir sie eines Tages für immer öffnen, um unser anvertrautes Leben wieder loszulassen. Entscheidend ist nur, dass wir diesen Lebenskampf mit Liebe zu Gott, zu unseren Mitmenschen, zu uns selbst und zu unserer Umwelt selbst führen, weil es eine unbestreitbare Tatsache ist, dass uns schon in diesem Leben mit Liebe alles am besten gelingt. Auf Gewalt zu setzen, bringt nichts und niemanden weiter. Es ist wichtig, dass wir eine solche Erkenntnis auch unseren Kindern vorleben.

Vertrauen zum Pflegepersonal

Sollten Sie einmal in einem Pflegeheim Ihren Lebensabend verbringen, dann müssen Sie zum jetzigen Stand neben einer Pflege nach Zeittakt auch mit einer gewissen Personalnot rechnen. Dennoch sollte dies kein Grund sein, sich in jeder Hinsicht den Gegebenheiten und Umständen anzupassen. Wichtig ist, dass Sie die Situation annehmen, wie sie ist, dort Ihre Wünsche und Bedürfnisse äußern, insbesondere dann, wenn es um die Betreuung und Pflege im Intimbereich geht. Um dieser Situation ein wenig vorzubeugen, ist es hilfreich, wenn Sie von vornherein ein gutes Vertrauensverhältnis zum Pflegepersonal aufbauen, weil Sie so auch zu einer inneren Sicherheit finden, die es ihn leichter macht, über all das zu sprechen, was Sie in einer persönlichen Beziehung wie in der Pflege bewegt. Denn letztlich haben Sie ohne jeglichen Zweifel ein gewisses Einfühlungsvermögen und auch Respekt nach einer bereits längeren Lebenszeit verdient. Bringen Sie also Ihre Klagen und Beschwerden zum Ausdruck, wenn Sie den Eindruck haben, dass Sie nur unzureichend versorgt werden. Ergeben Sie sich nicht einfach der Situation und sagen Sie, was Sie denken. Sie haben Würde verdient und ein Recht dazu! Und informieren Sie Ihre Angehörige oder die Heimleitung, sollten Sie nur unzureichend versorgt werden. Zudem können Sie dem Pflegepersonal zu verstehen geben, wie wichtig es für Sie ist, dass man Sie ernstnimmt, Ihnen mit Respekt begegnet und sich zumindest etwas in Sie einfühlt. Auch wenn Sie wahrscheinlich selbst schon wissen, dass das Pflegepersonal beim derzeitigen Pflegenotstand und der Gesetzeslage nicht sehr viel Zeit hat, um sich Ihren seelischen Bedürfnissen zu widmen. Dies aber können Sie auch etwas ausgleichen, indem Sie unter Ihren Mitbewohnerinnen und Mitbewohnern vertraute Beziehungen aufbauen, durch die Sie einen gewissen Halt erfahren.

Leider lässt uns das Gesundheitssystem nach wie vor zu wenig Raum für eine angemessene Nähe zwischen den Pflegekräften und den zu Pflegenden. Gerade Menschen in der Pflege, die ihre Mitmenschen gerne mit Liebe betreuen, haben eine angemessene Bezahlung verdient. So aber muss sich die Politik nicht über einen Pflegenotstand wundern, für den sie im Grunde mitverantwortlich ist, weil sie die Rahmenbedingungen nicht frühzeitig ausreichend verändert hat. Gesetze, die am runden Tisch beschlossen werden und wenig Einfühlungsvermögen gegenüber der Würde der zu Pflegenden in der Praxis zeigen, haben auch mit einem christlichen Verständnis zur Würde des Menschen nicht viel zu tun. Menschen, die von anderen in solch sensiblen Bereichen wie dem Intimbereich gepflegt werden und oftmals dem Tod nahe sind, haben mehr als eine oberflächliche Begegnung nach einem Zeittakt verdient. Zumal aufgrund der Pandemie schon genug Menschen in ihrem Sterbeprozess völlig vereinsamt verstorben sind, weil kein Mensch in ihrer Nähe war, der ihnen die Hand halten konnte. Fühlen wir uns einmal in sie ein und stellen wir uns einmal vor, dass wir in eine ähnliche Situation gelangen können, dann werden wir sie auch besser verstehen und nicht nur eine funktionierende herzlose Geschäftsmäßigkeit an den Tag legen, indem wir uns in einer ähnlichen Situation selbst nach Liebe und Zuwendung sehen.

Damit eine zu pflegende Person ein Vertrauensverhältnis zum Pflegpersonal aufbauen kann, ist es wünschenswert, dass das Personal nicht dauernd wechselt. Ist es doch für die zu Pflegenden nicht einfach, sich in ihrer eigenen Hilfsbedürftigkeit ständig auf neue ihnen unbekannte Menschen einzulassen. Menschen mit Leitungsfunktionen in Seniorenheimen, die ihr Personal einfühlsam und emphatisch führen, sollten wissen, dass sie den zu Pflegenden etwas Gutes tun, wenn sie das Personal beständig und dauerhaft bei den zu Pflegenden einsetzen, damit ein Vertrauensverhältnis zwischen der zu pflegenden Person und dem Pflegepersonal entstehen kann. Jedenfalls vermag ein länger aufgebautes Vertrauen zwischen dem Pflegepersonal und den zu Betreuenden zu einem möglichst ungezwungenen Kontakt führen, auf die dann auch eine natürlich zügige Pflege aufbauen kann, in dem der zu Betreuende auch eine gewisse Sicherheit erfährt.

Zu erwähnen hierbei bleibt auch, dass sich viele ältere Menschen gerne mehr zu ihrer eigenen Situation äußern möchten, gleichzeitig aber die Folgen fürchten, weil sie sich bei einem vorhandenen Personalmangel, das nach Zeittakt arbeitet, nicht vollumfänglich ernstgenommen fühlen oder diese von sich aus nicht noch mehr belasten möchten. Hier aber bleibt die Würde eines alten Menschen auf der Strecke, weil wir den ernsten Problemen des hilfsbedürftigen Menschen keine Aufmerksamkeit oder kein Verständnis in seiner oftmals nicht leichten Lebenszeit schenken. Betrachten wir ihn aber wie ein Baby, das unsere Hilfe braucht, dann gehen wir auch liebevoll mit ihm um.

Unseren Kindern lesen wir aus Liebe vor dem Schlafen gehen gerne etwas vor, älteren Menschen hingegen sprechen wir ihr inneres Kindsein ab und lassen sie oftmals allein.

Die Lebensscheune mit Korn füllen

Was Sie in Ihrem Leben geleistet haben, sollten Sie nicht als selbstverständlich ansehen, sondern wertschätzen. Ist es doch eine große Leistung, wenn Sie, um hier nur zwei Beispiele zu nennen, Kinder begleitet haben oder täglich einer Arbeit nachgegangen sind. Dies ist alles wertvolles Korn, wie es Viktor E. Frankl ausgedrückt hat, dass Sie in der Scheune Ihres Lebens eingebracht haben. Sicher wird da auch Unkraut dabei gewesen sein, doch Sie können selbst als pflegebedürftiger Mensch noch etwas ernten und in Ihre Lebensscheune einbringen, sollten Sie mit Ihrer Lebensgeschichte unzufrieden sein. Ja, Sie können vor Ihrem Tod auch dadurch Frucht einbringen, dass Sie sich mit einem Menschen versöhnen, dass Sie Dankbarkeit gegenüber dem zeigen, was Ihnen geschenkt wurde oder dass Sie zu einem Vorbild für die nachfolgende Generation werden oder sind. Meine Großmutter, beispielsweise, reichte mir noch auf dem Sterbebett in ihren letzten Atemzügen die Hand, wie ich es bereits einmal erwähnte, sodass mir dies bis heute nicht nur unvergesslich geblieben ist, sondern auch Kraft geschenkt hat.

Ihr Leben verliert auch im Alter niemals seinen Sinn. Fühlen Sie sich nicht mehr gebraucht, dann lassen Sie sich davon nicht kränken, sondern setzen Sie ein Zeichen, mit dem Sie nicht nur anderen, sondern sich selbst auch etwas Gutes tun.

Denn Ihr gelebtes Leben bleibt ewig wahr. Dies kann Ihnen nicht einmal der Tod nehmen, ist Ihre Lebensgeschichte doch unwiederbringlich in der Wahrheit des Lebens existent.

Im Vergangensein ist nichts unwiederbringlich verloren, vielmehr alles unverlierbar geborgen.

(Viktor E. Frankl)

Als Pflegedürftige(r) man selbst bleiben,

In der Pflege gut für mich selbst sorgen, indem ich auch bei einer körperlichen Beeinträchtigung, in der ich gepflegt werden muss, mein Recht auf Selbstbestimmung wahrnehme und fest zu meinen Überzeugungen stehe.

Indem ich mir kein Medikament verabreichen lasse, dass ich nicht einnehmen möchte und mich nicht berühren lasse, wenn ich das Gefühl habe, dass ich Abstand brauche.

Indem ich verlange, dass man an meiner Tür anklopft, bevor man mich in aller Eile erschreckt, weil Personalmangel herrscht.

Indem ich Kontakt zu vertrauenswürdigen Menschen pflege, mit denen ich mich austauschen kann.

Indem ich das Pflegepersonal wissen lasse, dass ich am liebsten so behandelt werde, wie es in der gleichen Situation selbst von anderen behandelt werden möchte.

Indem ich mich täglich versöhne, damit ich nicht innerlich verbittert blind für das Schöne werde und am Ende für meine Mitmenschen und das Personal so ungenießbar werde wie eine faule Frucht, an der niemand mehr Geschmack finden kann.

Dass mein letzter Wille so umgesetzt wird, wie ich dies beschlossen habe.

Indem ich dem Pflegepersonal oder meinen Angehörigen immer wieder für ihre Hilfe danke, erfahre ich sie bei meiner zunehmenden Hilfsbedürftigkeit wie Engel, die oftmals im Verborgenen unbemerkt Gutes tun.

Vor einem Gott, der mich besser kennt als ich mich selbst und dem ich all das anvertrauen kann, was mir schwer wie ein Stein auf dem Herzen liegt.

Gut für sich selbst sorgen

Liebevoll mit mir umgehen, indem ich all die Aufgaben, die ich nicht mehr bewältigen kann, loslasse, einen aufkommenden Energieverlust in mir akzeptiere, nicht mit dem Unabänderlichen hadere, damit auch in Zukunft die stillen und andächtigen Augenblicke in meinem Leben noch so offen und entspannt wie ein Kind genießen kann.

Mich immer wieder versöhnen, damit aufgrund einer aufkommenden Bitterkeit keine stürmische Unruhe in mir entstehen kann, die mich daran hindern könnte, mich achtsam auf die auf mich zukommenden geheimnisvollen Augenblicke in meinem Leben einzulassen.

Immer wieder inneren Frieden anstreben, weil ich damit im Alter beruhigend auf all die jüngeren Menschen wirke, die in ihrer inneren Unruhe und Zerstreutheit Beistand suchen und von meiner Lebenserfahrung und Weisheit profitieren möchten.

Auf dem Weg zu einer höheren Macht in ein anderes Leben all das klären, was noch zu klären ist. Mich zudem von all dem überflüssigen bindenden materiellen Besitz lösen, damit Gott mir als liebevoller Vater meine leeren Hände mit seiner ewigen Liebe füllen kann.

In den Wehen meines eigenen Sterbeprozesses darauf vertrauen, dass alles gut werden wird, ganz wie das Kind in mir, das sich schon in seinem Geburtsprozess von seinem Weg zu seinem Ziel zu leben nicht aufhalten ließ.

Mich nicht der Verzagtheit hingeben, sondern die einsamen Momente nutzen, um mich auf ein Gespräch mit Gott einzulassen und es dabei für möglich halten, dass er mir im Alter Engel schickt, die mich bis an die Grenze meines irdischen Todes begleiten.

Mich gerade in einer Welt voller Schönheitsideale auch im Alter ansehnlich finden, weil ich weiß, dass echte äußere Schönheit aus innerer Freude und auch aus der Freude an mir selbst entsteht.

Mich innerlich mehr und mehr von Plänen in der Zukunft lösen, um Gott in meinem Sein einen Raum zu geben, von dem schon Theresa von Avila sagte, dass er allein genügt. Dass ich mich gerade dann Gott überlasse, wenn ich spüren, dass ich mein Leben in der tiefsten Tiefe meiner Ohnmacht nicht mehr kontrollieren kann.

Auch das hohe Alter hat seine Blüte.

(Johann Wolfgang von Goethe)

Pflegebedürftigen Menschen Zuwendung schenken

Wichtig ist, dass wir uns offen und ehrlich auf die Begegnung mit pflegebedürftigen Menschen einstellen, zumal wir damit rechnen müssen, dass die oder der Betroffene in seiner oder ihrer zunehmenden Schwäche auf sensible Weise wahrnehmen kann, ob wir ihm oder ihr einen Pflichtbesuch abstatten oder ob wir wirklich die Hilfe anbieten, die er oder sie von uns benötigt. Lassen wir uns neben der körperlichen Betreuung auch auf die seelische Ebene mit dem Menschen ein, dann können wir ihm, nachdem wir Vertrauen aufgebaut haben, vielleicht noch einen Anstoß geben, mit dem es ihm möglich wird, etwas Belastendes auszusprechen, was ihm vor seinem Tod auf dem Herzen liegt. Oder er bittet uns einen bestimmten Menschen zu rufen, mit dem er sich versöhnen möchte, weil er spürt, dass er sein Leben durch ein versöhntes Verhältnis mit ihm besser loslassen kann. Erfüllen wir ihm diesen Wunsch, dann tun wir ihm sicher das, was wir uns einmal selbst in der gleichen Situation von anderen wünschen würden!

Das Gefühl kann viel feinfühliger sein
als der Verstand scharfsinnig.

(Viktor E. Frankl)

Was Angehörige bei der Wahl eines Pflegeheims oder bei häuslicher Pflege bedenken sollten

Das Wissen, dass viele Pflegekräfte in Seniorenheimen überfordert sind, führt dazu, dass viele Kinder ihre Eltern nur ungern und mit einem schlechten Gewissen in einem Pflegeheim unterbringen. Oftmals führt daran aber kein Weg vorbei, wenn sie noch eigene Kinder zu versorgen haben und berufstätig sind. Für sie ist es wichtig, dass sie sich bei der Wahl eines Pflegeheimes dieses am besten zur Mittagszeit genauer ansehen, weil sie zu dieser Zeit den besten Eindruck von einer Einrichtung bekommen.

Kinder schätzen die Belastung einer häuslichen Pflege oft falsch ein, sodass sie am Ende schnell überfordert sind und ihren Eltern nicht mehr das geben können, was sie ihnen zuvor gewünscht haben. Deswegen wäre es ratsam, wenn sich die Kinder oder Angehörigen, die ihre Eltern pflegen möchten, zuvor intensiv mit dem Thema Pflege auseinandersetzen. Auch indem sie sich mit Hilfe von Literatur auf die Pflege vorbereiten und sich mit vertrauten Ärzten oder bekannten Menschen im Pflegedienst, die bereits viel Erfahrung in diesem Bereich gesammelt haben, austauschen. Gleichzeitig sollten wir aber auch all die Menschen ermuntern, die die häusliche Pflege übernehmen möchten, weil wir davon ausgehen können, dass sie dann, wenn sie die Pflege mit Liebe übernehmen, auch an dieser Aufgabe wachsen oder sogar über sich hinauswachsen können. Mit Liebe gelingt alles am besten. Wichtig ist nur, dass wir uns dann, wenn wir an der Grenze unserer eigenen Belastbarkeit angelangt sind, Unterstützung holen, damit wir einem hilfsbedürftigen Menschen, der uns anvertraut ist, nicht aggressiv oder gar gewaltsam begegnen, ihn würdelos behandeln und ihn aus einer Überforderung heraus auch noch verletzen.

Was der Gesetzgeber in seinem Kosten-Nutzen-Denken und mit Blick auf die nächsten Wahlen in der Vergangenheit versäumt hat, badet das Pflegepersonal mit einer

Überforderung oftmals aus. So verwundert es nicht, dass gerade nach der Pandemie Pflegekräfte ihren Beruf aufgeben möchten, auch weil sie es gerade aus Liebe zu denen, die sie pflegen, mit ihrem Gewissen nicht mehr vereinbaren können, wenn Pflegende auf fahrlässige Weise vernachlässigt werden.

Impuls:

Geben wir hilfsbedürftige Menschen nicht das Nötigste, das sie zum Leben brauchen, dann behandeln wir sie würdelos, sodass wir es als gemeinsame Aufgabe der gesamten Gesellschaft ansehen sollten, sie in ihren Grundbedürfnissen zu unterstützen. Dies wiederum setzt voraus, dass wir bei der nächsten Wahl denen unsere Stimme geben, die sich für eine sichtbare Weiterentwicklung in diesem Bereich einsetzen.

Die Proteste der Mitarbeiter im Pflegebereich ernstnehmen

Da eine notwendige Versorgung der Patienten derzeit sowohl im Krankenhausbereich als auch in Pflegeheimen aufgrund des Personalmangels nicht sichergestellt ist, ist es ein Gebot der Stunde, die Proteste der Pflegekräfte sehr ernstzunehmen. Belassen wir es aber weiterhin allein bei dem Applaus, der ihnen in einer Zeit von Corona gespendet wurde und in der viele über ihre Belastungsgrenze hinaus gearbeitet haben, dann ruhen wir uns auf dem Idealismus, den viele Pflegekräfte zeigen, auf eine unwürdige Weise aus. Dann blenden wir die seelische Not der Pflegekräfte aus, weil viele mit einem schlechten Gewissen ihren Arbeitsplatz am Ende einer Schicht verlassen, weil sie mit ansehen müssen, dass ihre Patienten nicht ausreichend versorgt werden. Stellen wir uns nur einmal vor, wir seien jetzt dieser Patient oder diese Patientin, der oder die in ihren eigenen Exkrementen liegt, weil da niemand ist, der Zeit für ihn oder sie hat. Dies ist einfach eines Menschen unwürdig und fordert die gleichen Proteste heraus, wie wir sie auch im Umweltschutz erleben. Dazu kommt, dass viele Pflegekräfte derzeit ihren Arbeitsplatz kündigen, sodass letztendlich die Patienten in Zukunft noch mehr als bisher leiden werden.

Was aber ist die Lösung? Nach Auskunft von Marcel Fratzscher, Leiter des Deutschen Instituts für Wirtschaftsforschung lässt sich dieser Fachkräftemangel nur beheben, indem wir mehr Zuwanderung zulassen, Arbeitslose in diesem Bereich einsetzen, die Vereinbarung zwischen Familie und Beruf für Frauen verbessern und die Mitarbeiter im Pflegebereich besser bezahlen. Hier ist derzeit ein Lohn von 4000 Euro im Gespräch. Lassen wir aber weiterhin zu, dass Pflegekräfte so unwürdig behandelt werden, dann müssen wir auch damit rechnen, dass sie aufgrund einer seelischen Überforderung ihre Aggressionen oder ihren Unmut am Patienten selbst ablassen. Insbesondere die Pflegekräfte, die Angst vor Arbeitsplatzverlust haben, weil sie eine Familie zu versorgen haben. Zu hoffen bleibt auch, dass sich eine gewählte Regierung intensiver um diesen Konflikt kümmert und alles tut, um mehr Gerechtigkeit unter die Menschen zu bringen. Sicher ist eine bessere Versorgung im Pflegebereich in gewisser Weise auch immer von der Wirtschaftsleistung in einer Gesellschaft abhängig, damit sich die notwendigen Kosten im Pflegebereich auch decken lassen. Dennoch sollte uns die Würde der zu Pflegenden, wie sie auch im Grundgesetz angemahnt wird, von vorrangiger Bedeutung sein. Gesundheit ist einfach keine Ware und wir behandeln Menschen unwürdig, wenn wir den Profit über alles stellen. Meiner Meinung nach gehört der Gesundheitsbereich in öffentliche Hand, auch weil gerade hilfsbedürftige Menschen in einer zunehmend digitalisierten und funktionierenden Welt mehr fühlbare Wärme brauchen, um gerade im letzten Lebensabschnitt eine gewisse Lebensqualität zu spüren.

Eine Wärme, die wir uns doch auch alle selbst wünschen, wenn wir abhängiger werden und in eine ähnliche Situation geraten. Gehen wir also liebevoller und würdiger mit dem Pflegepersonal und den Pflegebedürftigen um.

Beispiel aus meiner eigenen Erfahrung:

Als meine Mutter in ihren letzten Tagen in einem Altenheim aufgrund von Schmerzen (ihr wurde kurz vor ihrem Tod noch ein Bein amputiert) und Verwirrtheit wie in Trance in der Nacht in lautem Ton nach uns Angehörigen rief, begegnete ihr eine sichtlich überforderte Nachtschwester mit den Worten, dass sie mit ihren dauernden Rufen aufhören soll, weil sie sonst noch in die Psychiatrie eingeliefert würde. Diese Aussage aber hat die ohnehin existierende Angst bei meiner Mutter zusätzlich verstärkt, sodass sie sich innerlich am Tag darauf höchst verunsichert fühlte und mich mit großer Angst um meine Unterstützung bat.

Eine Lektion aus skandinavischen Ländern

In Schweden, Dänemark, Norwegen, Finnland oder Island werden Pflegebedürftige von den Kommunen versorgt. Diese sorgen dort für die Hilfsangebote ihrer älteren Mitbürger und Mitbürgerinnen, damit sie zu Hause ein selbstständiges Leben führen können und die Familie entlastet wird. Dort können Senioren und Seniorinnen den Tag in einer Tagesbetreuung verbringen, in der gemeinschaftlich eingekauft, gekocht oder die Wäsche gemacht wird. Zudem vermeiden es die Verantwortlichen, die alten Menschen per se als krank oder pflegebedürftig anzusehen. Treffen dort doch sowohl gesunde als auch kranke ältere Menschen zusammen, wenn sie Gesellschaft suchen.

In den skandinavischen Ländern wird auch sehr darauf geachtet, dass die Pflegekräfte bestmöglich ausgebildet werden. Da die Pflegeeinrichtungen dort kommunal verwaltet werden und nicht einem kommerziellen Träger gehören, kümmert sich dort eine Fachkraft um zwei Patienten, während sich in Deutschland eine Fachkraft um fünf Patienten bemüht. Zudem werden die Pflegekräfte als Angestellte von der Kommune bezahlt und die Gehälter von Steuermitteln finanziert. So werden die Fachkräfte dort nicht nur besser bezahlt, sondern sie haben auch mehr Zeit für ihre Patienten.

Sich gegen entwürdigendes Verhalten im Alter wehren

Gerade wenn wir im Alter unter einer seelischen oder körperlichen Beeinträchtigung leiden, ist es wichtig, dass wir uns gegen entwürdigendes Verhalten wehren. Sei es im Umgang mit unseren Angehörigen, im Kontakt mit dem Pflegepersonal oder anderen Menschen, die uns respektlos begegnen. Grundsätzlich ist die Ursache für eine menschenunwürdige Betreuung in der Pflege, wie sie sich vielerorts leider nach wie vor in einem reichen Industrieland wie Deutschland feststellen und als skandalös bezeichnen lässt, unter anderem auf die Privatisierung des Pflegebereiches zurückzuführen. Hier sehen sich aufgrund der Gesetzeslage nach wie vor zu viele Verantwortliche in Krankenhäusern oder Seniorenheimen aufgrund des Kostendrucks gezwungen, mehr auf einen zu erzielenden finanziellen Umsatz (oftmals auch durch unnötige Operationen) zu achten als auf einen würdevollen Umgang ihrer Patienten, die in der körperlichen Pflege nach gewissen Zeitfaktoren behandelt werden und demzufolge auch nicht die ausreichende seelische Begleitung erfahren, die sie in Wahrheit brauchen. Zudem sehen sich viele Ärztinnen und Ärzte gezwungen, ihre Patientinnen und Patienten nach einem gesetzlich vorgeschriebenen Zeittakt wie eine Nummer zu behandeln, nicht aber mit einer notwendigen Empathie die Menschen in einer belastenden Situation als emotionale Kälte erfahren. Vertrauen lässt sich nur aufbauen, wenn wir auch die Seele eines Patienten etwas kennen.

Zudem ist bekannt, dass die Politik aus wahltaktischen Gründen (die Parteien versuchen in einer Wahlperiode von vier Jahren die Wünsche ihrer Wähler zu erfüllen) neben einer kritiklosen Zustimmung in der Gesellschaft zu dem vorhandenen Pflegenotstand (mit dem Thema Pflege und Tod wollen sich die wenigsten Menschen auseinandersetzen) zu lange mit gezielten Maßnahmen gewartet hat, um einen absehbaren Personalmangel im Pflegebereich zu verhindern. Dies hat zu den bereits beschriebenen Defiziten geführt. Da sich die Personalnot im Pflegebereich mit derzeit 50.000 bis 80.000 offenen Stellen trotz politischer Maßnahmen wie dem Fachkräfteeinwanderungsgesetz ab März 2020 auch nicht von heute auf morgen mit Pflegekräften aus dem Ausland beseitigen lässt, ist es ebenso wichtig, dass Sie und wir alle nicht im Klagen über diese Zustände verharren, sondern das Beste aus der derzeitigen Situation machen und gegen einen Missstand in der Altenbetreuung protestieren wie es auch die jungen Menschen in Bezug auf die derzeitige Umweltpolitik tun.

Zudem ist es wichtig, dass Angehörige verstärkt auf Missstände in Seniorenheimen achten, weil der Medizinische Dienst der Krankenkassen gerade in der Pandemie kaum Zeit hat, Anbieter von Seniorenheimen auf Ihre Sorgfaltspflicht hin zu kontrollieren.

Praktische Hilfe für ältere Menschen in Zeiten der Pandemie

Mit Hilfe der kommunalen Politik können wir, um hier ein Beispiel zu nennen, ehrenamtliche Musikerinnen und Musiker bitten, alten Menschen etwas vorzuspielen. Bei einer Pandemie kann dies auch von einem Hof oder von der Straße aus geschehen. Aber auch als Angehörige können wir älteren Menschen etwas vorsingen, Ihnen auf diese Weise die Ehre erweisen und Ihnen eine Freude machen. Zudem können wir Menschen, die an einer Demenz erkrankt sind, mit Tieren in Kontakt bringen, damit sie sich aus ihrem oftmals regungslosen und lähmenden Verhalten etwas lösen können. Ja, mit Hilfe von Tieren können wir die Sinne erkrankter Menschen beleben, weil sie durch die Begegnung mit ihnen fröhlicher und lebendiger werden und daraufhin ihre Depressionen und Aggressionen schwinden. Auch ein abgegrenzter Tierbereich innerhalb eines Seniorenheimes kann sehr lebendig auf an Demenz erkrankte Menschen wirken.

Wir begegnen älteren Menschen gerade dann liebevoll, wenn wir auf ihre Bedürfnisse achten und aufhören, ihnen gegenüber eine reine Versorgungsmentalität zu betreiben. Zeigen wir also Mitgefühl gegenüber alten Menschen und geben wir ihnen zumindest das zurück, was sie uns einst auf unserem eigenen Lebensweg an Liebe mit auf den Weg gegeben haben. Auch in Schulen können wir Kinder und Jugendliche darauf aufmerksam machen, wie sehr sich alte Menschen über einen Besuch von ihnen freuen würden. Sei es bei einem notwendigen Abstand als Chor, als eine Theatergruppe oder in welcher Form auch immer. Schon kleine Attraktionen, die von außen nach innen dringen, können sehr betagte Menschen fröhlich stimmen und sie womöglich in traurigen Phasen etwas fröhlicher stimmen.

Halt im Glauben finden

Da ich selbst als zweieiiger Zwilling auf diese Welt gekommen bin, möchte ich nachfolgenden Text als Anstoß und Hoffnungsschimmer weitergeben.

Gibt es ein Leben nach der Geburt?

Nach Henri Nouwen

Ein ungeborenes Zwillingspärchen unterhält sich im Bauch seiner Mutter.

»Sag mal, glaubst du eigentlich an ein Leben nach der Geburt?«, fragt der eine Zwilling.

»Ja, auf jeden Fall! Hier drinnen wachsen wir und werden stark für das, was draußen kommen wird«, antwortete der andere Zwilling.

»Das ist doch Blödsinn«, meint der erste. »Es kann kein Leben nach der Geburt geben, wie soll das denn bitteschön aussehen?«

»So ganz genau weiß ich das auch nicht. Aber es wird sicher viel heller sein als hier. Und vielleicht werden wir herumlaufen und mit dem Mund essen.«

»So einen Unsinn habe ich ja noch nie gehört. Mit dem Mund essen? Was für eine verrückte Idee. Es gibt doch die Nabelschnur, die uns ernährt. Und wie willst du denn herumlaufen? Dafür ist die Nabelschnur doch viel zu kurz.«

»Doch, es wird bestimmt gehen, es ist eben dann alles nur ein bisschen anders.«

»Du spinnst! Es ist noch nie einer zurück gekommen von nach der Geburt. Mit der Geburt ist das Leben zu Ende. Punktum.«

»Ich gebe ja zu, dass keiner richtig weiß, wie das Leben nach der Geburt aussehen wird. Aber ich weiß, dass wir dann unsere Mutter sehen werden und dass sie für uns sorgen wird.«

»Mutter? Du glaubst doch wohl nicht an eine Mutter! Wo ist sie denn?«

»Na, hier – überall um uns herum. Wir leben in ihr und durch sie. Ohne sie könnten wir gar nicht sein!«

»Quatsch, von einer Mutter habe ich noch nie etwas bemerkt, also kann es sie auch nicht geben.«

»Doch, manchmal, wenn wir ganz still sind, kannst du sie singen hören. Oder spüren, wenn sie unsere Welt streichelt …«[16]

Gott würdigt uns mit seiner Liebe

Weil die Liebe Gottes grenzenlos ist und jeden Menschen zutiefst zu würdigen weiß, stammt sie aus der Quelle eines barmherzigen Herzens, das in seiner Treue weder einer Modeerscheinung noch einem Zeitgeist unterliegt.

Weil sie in absoluter Toleranz existiert, finden wir ihren Geist dort, wo keine Vorurteile das Miteinander der Menschen bestimmen.

Weil die unendliche Liebe Gottes keine Bedingungen an uns Menschen stellt, sie uns aber in die Nachfolge ruft, sollten wir es unterlassen, Menschen nach ihrer Herkunft, Religion oder Hautfarbe zu bewerten.

Weil sie dort existiert, wo Mitgefühl herrscht, erfahren wir in ihrem Beistand trotz erfahrener Verletzungen eine Bereitschaft zum Verzeihen, die uns von konfliktreichen Vorwürfen bewahrt.

Impuls:

Gott ist immer da, wo die Liebe ist.

16 https://www.newslichter.de/2020/04/gibt-es-ein-leben-nach-der-geburt/

Im Alter Halt bei Gott und den Menschen suchen

Fühlen Sie sich im Alter einsam und ängstlich, auch weil es Ihnen schwerfällt, gewohnte und vertraute Wege zu verlassen, dann können Sie dadurch auch eine innere Verunsicherung und Haltlosigkeit fühlen, sodass Sie zu straucheln beginnen und einen zunehmend unsicheren Gang zeigen. Dies wiederum kann dazu führen, dass Sie sich aufgrund dieser Verunsicherung weniger spüren und von nun an versuchen, Ihr Leben zu kontrollieren, was wiederum eine innere Anspannung in Ihnen erzeugen kann, mit der Sie Ihre vorhandene Angst im Alter zusätzlich verstärken. Deswegen ist es so wichtig, dass Sie Ihre Anspannung loslassen und dabei Halt bei Gott und den Menschen suchen. Bei einem Gott, der sich aufgrund seiner Liebe nach einer Begegnung mit Ihnen sehnt und Ihnen jederzeit an jedem Ort auf dieser Welt aufmerksam zuhören will. Oder aber bei Menschen, die Sie auch wegen Ihrer möglichen Schmerzen und Beeinträchtigungen im Alter auf zärtliche Weise mit Liebe begleiten und Ihnen eine beruhigende Ermunterung für Ihren restlichen Lebensweg schenken, damit Sie sich besser auf Ihren Alterungsprozess und ein notwendiges Loslassen einlassen können. Suchen Sie also auch aus Liebe zu sich selbst eine Hand, die sie ergreifen können, sollten Sie bis jetzt um keine Hand wissen. Halten Sie Ausschau nach Menschen, die wissen, dass wir alle in jedem Alter auf Liebe angewiesen sind.

Gerade in einer zunehmend digitalisierten Zeit mit immer weniger fühlbarer Nähe brauchen wir Orte, an denen sich Alt und Jung mit offenen Armen und ausgestreckten Händen begegnen können. Ja, wir brauchen nicht nur einen notwendigen Umweltschutz, sondern auch einen Schutz in unseren Herzen, den wir gerade dann erreichen, wenn wir unsere Sehnsucht nach Geborgenheit mit Liebe stillen.

In seiner Hand sind wir geborgen

Viele Menschen sind im Alter nicht mehr in der Lage, so offen und positiv wie ein Kind auf ihr Leben zu sehen. Oftmals deswegen, weil sie unter Schmerzen leiden, sogenannten guten alten Zeiten nachtrauern, keinen Sinn mehr in ihrem Leben sehen oder weil sie glauben, dass nach dem Tod alles aus ist. Dabei wäre es so wichtig, dass wir gerade im fortgeschrittenen Alter, dann, wenn wir unser Leben nicht mehr so mit unserem Willen steuern oder kontrollieren können, einfältig wie ein Kind mit Überraschungen rechnen, ist doch das Leben in seinem Ganzen zu jeder Zeit ohnehin größer als unsere eigene Vorstellung oder die Summe all unserer zu Ende formulierten Gedanken. Zudem sollten wir bedenken, dass wir uns nichts Gutes tun, wenn wir alten Zeiten nachtrauern, sondern gerade sie als ein unverlierbares Geschenk betrachten, dass uns keiner mehr nehmen kann und für immer auf einmalige Weise in die Geschichte eingehen wird. Zudem gehen wir gerade im fortgeschrittenen Alter liebevoll mit uns um, wenn wir uns offen gegenüber einer uns übersteigenden Kraft zeigen, die uns im Geiste jederzeit so offen wie ein unerwarteter Wind überraschen kann. Bleiben wir also auch im Alter offen für all das Überraschende, was wir noch nicht sehen, was uns aber erwartet, und gestehen wir uns ein, dass unsere Vorstellung und auch unser begrenzter Glaube nicht der Wahrheit letzter Schluss ist, muss doch gerade in einer absoluten und somit göttlichen Wahrheit eine Liebe existieren, die nicht lügen kann und somit auch immer hält, was sie verspricht. Eine Liebe, die uns schon auf dieser Erde erfahren lässt, dass mit Liebe alles am besten gelingt, auch in einer Zeit, in der wir körperlich schwächer werden, wie es auch in der Bibel heißt: »Meine Kraft ist in den Schwachen mächtig.« (2. Kor 12,9) So also kann es uns gerade im Alter nur guttun, wenn wir auch in dieser Zeit eine kindlich offene Liebe und Neugierde an den Tag legen, mit der wir dem Leben verbunden bleiben. Und das wir seinen Willen geschehen lassen, in welcher Situation wir auch sind. Sind wir doch in seiner Hand zutiefst geborgen.

Offen für den Himmel sein

Göttliche Liebe besitzt eine solch große Geduld, sodass sie immer auf dich warten will.

Trotz ihrer unvorstellbaren Größe und Macht ist sie so sanft- und demütig, dass sie dich niemals zu einer inneren Umkehr zwingen oder dir aufdringlich begegnen wird.

Göttliche Liebe sehnt sich so sehr nach dir, dass sie dich auch nach einer Abkehr von ihr wie einen verlorenen Sohn oder eine verlorene Tochter, mit offenen Armen empfangen will, solltest du ernsthaft nach ihr fragen.

Gerade in deiner tiefsten Not weiß sie dir mit großem Respekt und Achtsamkeit zu begegnen, besitzt sie doch in ihrem erbarmenden und barmherzigen Charakter großes Mitgefühl mit dir.

Göttliche Liebe existiert ewig, findet sich in ihr doch kein Vergehen, das sie begrenzen oder ihr irgendjemand aus irgendeinem Grund vorwerfen könnte.

Göttliche Liebe stirbt für dich, um dir ein ewiges Leben und somit eine immerwährende Gemeinschaft mit ihr zu ermöglichen.

Sie will dich nicht verlassen, sodass sie auch dann in dir aufstehen wird oder kann, wenn du die Orientierung verlierst und sie am wenigsten erwartest.

Göttliche Liebe ist nicht an deine Vorstellung gebunden. Sie sieht dein Herz an, macht dir ein großes Angebot und benötigt nur ein einfaches freiwilliges Ja von dir, um dich sowohl auf deinem Lebensweg als auch in deinem Sterben zu begleiten.

Impuls:

Weil Gott aufgrund seiner allumfassenden Liebe jeden liebt und jeden retten will, können Sie, auch wenn Sie nicht an ihn glauben, nicht tiefer fallen als in ihn selbst. Gott hat immer sowohl das erste als auch das letzte Wort. Wichtig ist nur, dass Sie offen für ihn bleiben, wird er Sie doch niemals zu einer inneren Umkehr zwingen.

Himmlische Visionen, die den Tod vergessen lassen

Ströme der Liebe schenken einem jeden Geist Erkenntnis.
Seelen voller Heiterkeit tanzen mit kindlicher Freude durch einen unendlichen Raum größter Güte.
Lügen finden vor den Toren der Weisheit keinen Einlass.
Gebundenes wurde von dem liebenden Kreuz Christi in einer göttlichen Hingabe für immer befreit.
Alles strahlt in wohlig hellem Licht.
Lächelnde Seelen schweben leichter als ein Blatt im Wind durch einen unendlichen Raum.
Tiefes Vertrauen lässt weder Misstrauen noch Distanz aufkommen.
Engel mit Posaunen erscheinen einem jedem Angesicht mit Lobgesang.
In einer goldenen Stadt blüht ein Rosenmeer in einer zauberhaften unverwechselbaren Schönheit, die niemals gewöhnlich werden kann.
Ewiges Vertrauen lässt uns aus einer inneren Freiheit heraus für immer strahlen.
Der Tod hat für immer seinen Stachel verloren, atmet doch das Leben in einem heilsamen unendlichen Augenblick der Liebe.

Sind wir doch durch seine große Barmherzigkeit und Verzeihlichkeit in unseren Herzen völlig rein und ganz wir selbst geworden.
Für immer zu Hause spüren wir in unserer Glückseligkeit keinerlei Sehnsucht mehr.
Erscheinen doch alle einst unbeantwortete Fragen in einem Licht voller Weisheit als gelöst, weil wir in unserer Freude erkennen durften, dass er die Antwort auf alle Fragen ist.
In seinem Herz, für immer geschützt, bleiben wir auf ewig geborgen.

Wunder gibt es immer wieder

Manchmal sehen Menschen regungslos einen anderen Menschen auf seinem Sterbebett liegen und denken, dass sein Leben nun für immer zu Ende sein wird. Auch, weil sie nicht bemerken, dass sich dem sterbenden Menschen auf unsichtbare Weise ein Engel nähert, der ihm auf einfühlsame Weise mit ganz viel Liebe etwas in sein Ohr flüstert, das ihn zutiefst tröstet, sodass er für sie völlig unerwartet eine Träne vergießt oder ein Lächeln zeigt, mit dem die anwesenden Personen nicht gerechnet haben. Unerwartet auch deswegen, weil sie nur an das glauben, was sie sehen, sodass sie nicht mit unsichtbaren Wundern rechnen, obwohl sie doch in jedem Leben zum Alltag gehören. Ist es doch ein Wunder und weiß Gott nicht selbstverständlich, dass wir jeden Morgen von Neuem erwachen und dass sich um uns herum im Universum Planeten angeordnet sind, die schon bei einem geringen Abweichen zueinander ein Leben auf dieser Erde unmöglich machen würden. Ja, sie stehen in einer Ordnung zueinander, einer Struktur, die wie ein gemaltes Ölbild keinem Zufall entspringt. Unabhängig davon geschieht allein in unserem Körper auf unbemerkte Weise so viel Wundersames, wenn Milliarden von Zellen harmonieren oder wenn sich aufgrund von Gebeten eine Spontanheilung zeigt, für die es keine Erklärung gibt. Wunder, die nicht unseren Vorstellungen und Erwartungen entsprechen, zumal wir selbst ohnehin immer nur Ausschnitte von dem sehen, was in Wirklichkeit in uns, durch uns und außerhalb von uns in einer Fülle existiert, die uns in ihrer Gesamtschau nicht erkennbar wird. So sind wir letztlich alle auch Blinde, die einen sehenden Geist brauchen, der uns die Wahrheit über das Leben und uns selbst vermitteln kann, sodass uns auch unser eigenes Leben irgendwann so verständlich wird, dass wir es für immer loslassen und ein neues Leben beginnen können.

Es verwundert nicht, dass alle Erfahrungen auf eine uns oftmals nicht bewusste Weise wie ein Film in uns gespeichert sind, sodass es auch nichts Besonderes ist, wenn Menschen in ihren Nahtoderfahrungen von einem Film berichten, der vor ihnen abläuft, sodass sie dann auch nichts mehr verdrängen und damit rechnen müssen, dass ihr Leben einmal für immer eine endgültige Klärung vor einer Liebe erfährt, die alles zum Guten wenden will. In einem erhellenden Licht, in dem sich dann, aus welchem Grund auch immer, nichts mehr verbergen oder verdrängen lässt. So, als würde unsere verschmutzte Seele einer dunklen Scheibe gleichen, die vom Sonnenlicht bestrahlt wird.

Im Ganzen ist unser Leben, und dies ist unstrittig, in seiner Tiefe so geheimnisvoll, dass wir uns selbst nie ganz erklären können. Deswegen dürfen wir es auch als ein Wunder, als ein Gottes Geschenk ansehen, weil wir uns selbst zu einer Überraschung wurden, wir uns selbst nicht gewollt haben, aber gewollt sind. Durch ein Du, das vor uns war. Ein Wort, das nicht nur vor unserem, in unserem Leben ist, sondern uns auch nach unserem Leben als Ansprechpartner zur Verfügung steht. So ist auch unser Sterben auf dieser Erde letztlich ein wundersamer Prozess, der uns nicht ängstigen muss, weil er uns auf eine andere Stufe heben wird, bis wir bei dem ankommen, der auch deswegen unsere Heimat ist, weil wir seine Kinder sind.

Liebevoller Umgang mit Gott

Einen liebevollen Umgang mit Gott und meinen Mitmenschen bewahren,
indem ich meinen Nächsten in seiner Andersartigkeit respektiere,
seine Überzeugungen toleriere,
ihm seinen Willen lasse,
ihm nichts vorschreibe,
kein Verhalten von ihm erzwinge,
ihm die Freiheit lasse, die er für sich selbst braucht.
ihn so liebe wie mich selbst.

Würdig mit mir selbst umgehen,
indem ich mich so annehme, wie ich bin,
zu meinen Überzeugungen stehe,
meinen Willen ernstnehme
mir selbst verzeihe,
mich in der Fähigkeit, andere zu lieben, weiterentwickle
und zu einem Selbstbewusstsein gelange, welches mir hilft,
mich vor Überforderung zu schützen.

Würdig mit Gott umgehen,
indem ich sein liebendes Wort ernst nehme,
ihn als den Schöpfer des Lebens anerkenne,
seinen Willen geschehen lasse,
mich so verändere, wie er mich sehen will,
und von niemandem abhängig werde, außer von ihm.

Wir werden gerade dann in Würde älter,
wenn wir Gott unsere Zeit schenken,
ist er doch der einzig Wahre,
der in seiner unendlichen Liebe tiefste Anbetung verdient.

Ein Gott, der uns als seine Kinder liebt
und uns dadurch eine unendliche Würde verleiht,

indem er uns bittet,
nicht nur ihn und unsere Mitmenschen,
sondern auch uns selbst zu lieben.

Gottvertrauen in schweren Zeiten

Begegnet er dir doch niemals vorwurfsvoll, wenn du ihm deine Sorgen und Nöte anvertraust.

Setzt er dich doch trotz seiner Größe niemals unter Druck, wenn du dich ihm gegenüber verschließt und dich nicht öffnen kannst.

Begegnet er dir doch niemals vorwurfsvoll oder kündigt dir die Freundschaft, wenn du eigene Wege gehst.

Hält er dir doch die Tür auch dann offen, wenn du ihn längst verlassen hast.

Reicht er dir doch die Hand, wenn du verzweifelt am Boden liegst.

Berührt er dich doch in deinem Herzen, damit sich deine gefrorenen Tränen lösen können.

Übersteigen seine Zuneigung und sein Verständnis doch deine kühnsten Träume.

Will er dir doch als Licht am Ende eines Tunnels erscheinen, wenn du bereits die Hoffnung verloren hast.

Steht er dir doch durch Christus mit einer Liebe als Anwalt zur Seite, wenn dein Leben noch einmal ganz offenbar und geklärt werden wird.

Empfängt er dich doch mit offenen Armen, wenn du nach deiner Reise durch dein Leben erschöpft bei ihm angekommen bist.

Will er sich doch noch mit einer Liebe überschütten, die du dir selbst niemals verdienen kannst.

Will er dir doch eine Tür in eine Ewigkeit öffnen, hinter der du für immer glücklich sein darfst.

Liebt er dich doch mehr, als du dich selbst lieben kannst.

Und ist er doch immer glorreicher und erhabener als das schönste Bild, das du dir von ihm ausmalen kannst.

Stellt er dir doch keine Bedingungen, auch wenn er deine Zustimmung und dein Vertrauen braucht!

Mach dir also kein Bild von ihm, versuche ihn nicht zu erklären oder zu berechnen, sondern vertraue seinem Geist so einfältig wie ein Kind.

Warum Gott im Leiden nicht überfordern wird

In 1. Korinther 10,13 können Sie lesen: »Bisher hat euch nur menschliche Versuchung getroffen. Aber Gott ist treu, der euch nicht versuchen lässt über eure Kraft, sondern macht, dass die Versuchung so ein Ende nimmt, dass ihr es ertragen könnt.« Haben Sie Ihr Leben also erst einmal Gott anvertraut, dann können Sie davon ausgehen, dass Gott keine Schwierigkeiten in Ihrem Leben zulassen wird, die Sie nicht tragen können. Mit jedem Problem und jeder Versuchung, der Sie gegenüberstehen, wird Gott Ihnen gegenüber treu bleiben; er wird Ihnen einen Weg bereiten, damit Sie Ihr Leiden ertragen können.

Paulus und seine Gefährten standen den schlimmsten Problemen gegenüber, als sie das Evangelium in neue Regionen brachten. Und hier ist, was er dazu sagte: »Denn wir wollen euch, liebe Brüder, nicht verschweigen die Bedrängnis, die uns in der Provinz Asien widerfahren ist, wo wir über die Maßen beschwert waren und über unsere Kraft, sodass wir auch am Leben verzagten und es bei uns selbst für beschlossen hielten, wir müssten sterben.« (2. Kor 1,8–9). Es klingt so, also ob Paulus die schrecklichen Schwierigkeiten nicht mehr ertragen konnte – »über unsere Kraft«.

Diese Tatsache führt uns zu der Wahrheit, dass unsere Stärke, Probleme zu ertragen, nicht von uns selbst, sondern von Gott kommt. Das ist genau, was Paulus als nächstes sagt: »Das geschah aber, damit wir unser Vertrauen nicht auf uns selbst setzen, sondern auf Gott, der die Toten auferweckt.« (2. Kor 1,9). Paulus lobt den Herrn für seine

Rettung in Vers 10 weiter und betont die Wirksamkeit des Gebets der Kirche in Vers 11.

Alles, was unseres Weges kommt, alles, was uns in Versuchung führt, alles, was Probleme bereitet, jede Tragödie, die uns überkommt, können wir durch Gottes Kraft überwinden. In allen Dingen können wir durch Christus spirituellen Sieg erreichen. Das Leben ist nicht leicht. Die Tatsache ist, dass wir oft eine »Fluchtmöglichkeit« brauchen. Das Leben ist hart, aber wir können ihm durch Gottes gnädiges Versprechen mit Zuversicht entgegentreten.

Göttlich liebende Worte

Göttlich liebende Worte
besitzen eine solch schöpferische und verschenkende Kraft, dass sie aus einem fleischgewordenen Christus zu uns sprechen, in dem wir die Wahrheit erkennen können.
Sie strahlen auch an dunklen Tagen aus einem wegweisenden Licht, mit dem wir gerade in unserer konsumorientierten Welt mit all ihren Verführungen den rechten Weg in unserem Leben finden können.

Göttlich liebende Worte
vermögen uns tief in Leib, Seele und Geist zu berühren, wenn wir bereit sind, ihnen unser Herz zu öffnen.
Besitzen sie doch gerade dann eine tiefe und heilende Kraft, wenn wir ihnen in einer verwirrenden Welt einfältig wie ein Kind vertrauen.

Göttlich liebende Worte
besitzen einladende und versöhnende Kraft, sodass sich in ihnen keine verurteilende oder gewaltsame Haltung finden lässt.
Sprechen sie doch aus einer liebenden und verzeihenden Haltung zu uns, sodass sie auch dann noch Ja zu uns sagen, wenn andere längst Nein zu uns gesagt haben.

Göttliche liebende Worte
bleiben auch dann noch bestehen, wenn die Welt längst vergangen ist.
Stammen sie doch aus einem reinen Geist, der in seiner bedingungslosen Liebe keine Grenzen kennt.

Vertrauen wir ihnen, dann kommen wir auch zu uns selbst, sodass wir auch die sein können, die Gott in uns sehen möchte.

Reagieren bei würdeloser Behandlung

Nachdem das Unrechtsbewusstsein in unserer Gesellschaft nachweislich geschwunden und auch eine Verrohung in unserer Sprachkultur zu erkennen ist, ist es wichtig, dass wir bei Gewalt, sei es in einer Partnerschaft oder gegenüber kranken, alten Menschen nicht wegschauen und diese, falls es erforderlich ist, auch zur Anzeige bringen. Tun wir das aber nicht, dann unterstützen wir mit unserem Schweigen ein gewaltsames Verhalten in der Gesellschaft, für das wir dann auch mit verantwortlich sind und das wir dann in unserer Vorbildfunktion als Erwachsene auch auf gleichgültige Weise an unsere Kinder weitergeben. Dabei ist es so wichtig, dass wir bei einem entwürdigenden Verhalten den Anfängen wehren.

Da gerade alte kranke Menschen mit ihrer Not nicht ausreichend wahrgenommen werden, haben insbesondere all die Menschen Dank verdient, die sich ehrenamtlich um diese Menschen kümmern. Würde doch ohne sie das soziale Gefüge in unserer Gesellschaft einen noch größeren Schaden erleiden. Ohne sozialen Zusammenhalt aber kann eine Demokratie auf Dauer gerade in der Not nicht bestehen.

So gebührt an dieser Stelle insbesondere all den Ehrenamtlichen unser Dank, weil sie sich in diesem Land um all die Menschen kümmern, denen Einsamkeit, Vernachlässigung und Entwürdigung droht. Wir haben allen Grund, sie auch bei der Aufdeckung von Gewalt gegenüber alten Menschen zu unterstützen.

Würdevoller Umgang mit alten schwerkranken Menschen

Gerade in unserer zunehmend individualisierten Gesellschaft begegnen wir immer mehr Menschen, die aufgrund von seelischen oder körperlichen Schmerzen einsam vor sich hin leiden, in ihrer Trauer keinen Trost finden und auf die Gnade und das Erbarmen ihrer Mitmenschen angewiesen sind. Gleichzeitig entsteht neben diesem Missstand aufgrund einer gewissen Entsorgungsmentalität die Tendenz zu einer aktiven Sterbehilfe, anstatt die intensive Schmerztherapie für Schwerkranke auszubauen und für eine intensive seelische Begleitung der Betroffenen zu sorgen. Grund hierfür ist die Tatsache, dass eine medizinische Versorgung in der Schmerztherapie der Gesundheitsindustrie nicht den von ihr gewünschten Umsatz bringt. Dies hat zur Folge, dass schwerkranke Menschen aufgrund eines finanziellen Drucks im Gesundheitswesen und einem einhergehenden Personalmangel nicht mehr wie Gesunde behandelt werden, die eine angemessene Würde verdienen, sondern immer mehr wie Menschen, die so behandelt werden, als seien sie bereits tot.[17] So beweist sich in der Entsorgungsmentalität unserer Gesellschaft ein würdeloses Verhalten gegenüber schwerkranken Menschen, die gerade im Endstadium ihres Lebens jede verbleibende Sekunde genießen möchten, wenn ihnen doch nur mit Hilfe von Schmerztherapeuten und einer entsprechenden Begleitung ihre seelischen und körperlichen Schmerzen genommen werden. Zudem sollten wir bedenken, dass wir das Miteinander in unserer Gesellschaft gefährden, wenn wir uns von Trauernden und Hilfsbedürftigen distanzieren, obwohl doch unser Grundgesetz auch auf christlichen Werten beruht, die nicht zunehmend und immer mehr von wirtschaftlichen Interessen bestimmt werden dürfen. Be-

17 Ich empfehle das Buch »Leben bis zuletzt« des Schmerztherapeuten Professor Sven Gottschling für einen intensiven Einblick in dieses Thema.

kanntlich zeigt sich die Stärke einer Gesellschaft in dem Maße, wie sie mit ihren Schwächsten umzugehen weiß.

Sicher gibt es kein Recht auf Zärtlichkeit und Zuwendung, dennoch tragen wir alle auch die Verantwortung für ältere Menschen, die die Gesellschaft mit aufgebaut und Kinder versorgt haben, indem wir ihnen das geben, was sie brauchen, und ihnen die Wertschätzung zeigen, die sie nach einem langen und oftmals schweren Leben verdienen. Insbesondere all den Menschen, die vielleicht 40 Jahre für einen Billiglohn an der Kasse gearbeitet, Kinder versorgt haben und unter der Armutsgrenze leben, sodass sie die steigenden Mietpreise nicht mehr bezahlen können. Umso schöner ist es dann, wenn alte Menschen wie zu früheren Zeiten in eigenem Haushalt leben und sterben können und dort nicht nur die Unterstützung ihrer Angehörigen, sondern auch die Unterstützung von allen Steuerzahlern erhalten, damit sie ein menschenwürdiges Leben führen können und nicht Flaschen aus Abfallbehältern sammeln müssen, um sich von dem Pfand ein Brot kaufen zu können.

Zudem wäre es äußerst sinnvoll, wenn gerade in Zeiten der Wohnungsnot Mehrgenerationenhäuser entstehen, in denen junge und alte Menschen auf natürliche Art zusammenwohnen und ihre Erfahrungen und Bedürfnisse leben und austauschen können. Schon im Studium können Architekten von ihren Dozierenden auf die sinnvolle Bauweise von Mehrgenerationenhäuser hingewiesen und angeregt werden, um diese in der Praxis zu planen.

Licht im Herzen

Heute entzünde ich in deinem Herzen ein Licht für dich.

Ein Licht, das schon als kleine Flamme eine große Dunkelheit in deinem Herzen erhellt.

Ein Licht, das auch an stürmischen Tagen senkrecht zum Himmel für dich brennt, weil es in seiner Sehnsucht nach Liebe keinerlei Umwege kennt.

Heute entzünde ich in meinem Herzen ein Licht für dich.

Ein Licht, das in sich selbst keinerlei Finsternis kennt, sodass in seiner Reinheit jede Form von Misstrauen verbrennt.

Heute entzünde ich in deinem Herzen ein Licht für dich.

Ein Licht, das wie ein Geist keine schützende Hülle kennt, sodass es dir in seiner Freiheit den Weg in eine Ewigkeit zeigt, in der sich für immer alles zur Liebe neigt.

Ein Licht, das ewig für dich brennen möge, habe ich es doch in einer größtmöglichen Treue für dich entzündet, das sich in einer Sehnsucht nach einer ewig göttlichen Liebe in meinem Herzen selbst begründet.

Jesus sagt, ich bin das Licht der Welt. Wer mich sieht, der sieht den Vater.

Gott ist Meister und Schöpfer der Geduld

So, wie wir für große Projekte viel Zeit und Geduld brauchen, so will sich auch Gott in uns mit seinem geduldigen Geist verwirklichen. Er hat in seinem Sein keine Geduld nötig, weil er das gelassene Sein schlechthin ist, im Grunde auf nichts und niemanden warten muss, doch in seiner Liebe und Sehnsucht gegenüber uns möchte er zu jeder Zeit und an jedem Ort der Welt für uns da sein, sodass er uns in seinem Hoffen auf unsere Umkehr uns gegenüber eine große Geduld zeigt. Ja, er besitzt uns gegenüber eine Nachsicht, die all unsere Vorstellung von Geduld übersteigt.

Seine Liebe ist so groß, dass er sich mit großer Geduld für uns hinzugeben wusste und bis zu einer letzten Entscheidung von uns gegenüber ihm lange auf uns zu warten weiß. Ein Gott, der auch die Natur mit aller Geduld so genial und verhältnismäßig wachsen lässt, dass wir sie in keiner Weise als störend empfinden und sie in höchstem Sinne genießen können. So spricht die Bibel aus, was wir in einem liebenden Herzen auch in unserem Leben erfahren können: »Barmherzig und gnädig ist der Herr, geduldig und von großer Güte.« (Ps 103,8)

Lösen wir unsere Probleme möglichst spielerisch, dann bewahren wir eine Zufriedenheit, die uns freier von Ungeduld bleiben lässt. Sind wir fähig zu verzichten, bleiben wir dankbar in unserem Herzen, werden wir geduldiger mit uns selbst und somit auch mit anderen sein. Vertrauen wir auf Gott, dass mit ihm schon alles gut werden wird, dann werden wir eine Geduld erfahren, die uns ruhiger bleiben lässt. Es ergibt keinen Sinn, auf einen Gott zu verzichten, der in seiner geduldigen Liebe bereit ist, über den Tod hinaus auf uns zu warten.

Kranke Menschen, die zur Ruhe gezwungen sind, können von gestressten Menschen nur wenig Geduld erwarten. Sie sind auf geduldige Menschen angewiesen, die sich Zeit für sie nehmen.

Geduld fließt aus der Quelle der Liebe

Ein geduldiges Herz weiß sich zu beherrschen und drängt sich nicht auf.
Es freut sich über eine Einladung, fordert aber nichts ein.
Ein geduldiges Herz ist voller Hoffnung und weiß lange auf dich zu warten.
Es stellt dir keine Bedingungen, weil es sich voller Liebe nach dir sehnt.

Bilanz ziehen

Gerade, wenn wir älter werden, blicken wir gerne auf unsere Lebensgeschichte zurück. Oftmals steigen dann auch aufgrund der uns zur Verfügung stehenden Zeit Erinnerungen in uns auf, die wir in dieser konzentrierten Betrachtung zuvor nicht so intensiv begutachten konnten.

Stellen wir dann fest, dass wir uns in diesem Leben immer wieder mit viel Mühe durchgekämpft haben, dann ist es umso wichtiger, dass wir die restliche Lebenszeit sinnvoll gestalten und unser Leben noch etwas genießen. Wichtig ist nur, dass wir nicht bitter werden oder traurig über unser eigenes Verhalten sind, weil wir den Eindruck haben, dass wir nicht wirklich gelebt haben oder weil es so wenig Freude in unserem Leben gab. Sicher muss es Ihnen nicht leichtfallen, damit umzugehen, dennoch dürfen Sie wissen, dass Sie Gott heilig sind. Einem Gott, der sich nach Ihnen, seinem Kind, sehnt und für den Sie eine unglaublich große Bedeutung haben, auch wenn Sie dies derzeit nicht glauben können. Vielleicht haben Sie sich in Ihrem Leben auch immer viel unter Druck gesetzt, um vor den anderen lieb Kind zu sein oder um Ihre Anerkennung zu erhalten. Dann aber dürfen und sollten Sie getrost loslassen und so liebevoll wie möglich mit sich umgehen, auch indem Sie sich Ihre rückblickend unerwünschte Einstellung verzeihen. Denn Gott sind Sie heilig und er will Ihre Zukunft sein. Unter ihm gibt es kein Leid und keine Einsamkeit mehr. Welch eine erbauliche Perspektive dies doch ist!

Vertrauen bis zum Schluss

Weil wir Vertrauen schon im Mutterleib erfahren, ist Vertrauen die Basis für jede Beziehung, sei es zu Gott oder den Menschen. Ohne Vertrauen hat eine Beziehung keinen langen Bestand. Überlassen wir einem liebenden Gott die geistige Führung in unserem Leben, dann dürfen wir auch getrost all das annehmen, was auf uns zukommt, auch wenn dies nicht unseren Vorstellungen oder Wünschen entspricht. Zumal Gott einen Plan mit uns hat, der aufgrund seiner Weisheit nicht mit unseren Vorstellungen übereinstimmen muss und wahrscheinlich auch nicht übereinstimmen wird. Gott kennt uns besser als wir uns selbst. Wichtig ist, dass wir uns in einer vertrauten Beziehung mit Gott auf die uns zukommenden Ereignisse einlassen und nicht daran zweifeln, ob er auch wirklich mit uns ist oder ob er es auch gut mit uns meint. Zumal wir auch in der Beziehung mit Gott nicht ohne Leiden wachsen können. Letztlich würden wir eine naive Einstellung besitzen, wenn wir glauben, dass Gott nur mit uns ist, wenn wir uns in diesem Leben wie im Paradies fühlen und wir von jedem Leid verschont würden, zumal uns dies Jesus in seinem Leben als unser Vorbild in keiner Weise vorgelebt hat, der in der Erfüllung des Gotteswillens und trotz seinem Vertrauen auf seinen himmlischen Vater verachtet, verspottet, gegeißelt, ausgegrenzt wurde und völlig verlassen für uns gestorben ist.

Wichtig ist, dass wir uns immer wieder Worte des Vertrauens zusprechen (die Gesamtaussage des Neuen Testamentes heißt: »vertraue nur«) oder auch zusprechen lassen, wenn wir auf unserem Lebensweg Angst haben und Zweifel daran hegen, ob wir im Glauben an einen liebenden Gott auch auf dem rechten Weg sind. Vertrauen ist die wichtigste Haltung gegenüber Gott, insbesondere dann, wenn wir am Ende, im Sterben mit Gott alleine sind und uns alle anderen verlassen haben. Dann können wir ihm im Vertrauen unsere Hand hinhalten und sagen: Herr, weil du mich aus Liebe nicht verlassen willst, reiche ich dir meine Hand, fühle ich mich doch ohne dich einsam, verunsichert, ängstlich und leer. Viele Menschen aber sind nicht offen dafür, weil sie schon in ihrer frühen Kindheit, in der Beziehung zu ihrer Mutter oder zu anderen Bezugspersonen Misstrauen, Ausbeutung und Missbrauch erfahren haben und dieses Misstrauen auch auf Gott übertragen. Da der Glaube ein Geschenk Gottes ist, macht es auch keinen Menschen glücklich, ihm auf seinem Sterbebett einen liebenden Gott aufzudrängen oder einzureden, sondern man muss ihm viel mehr unser Vertrauen schenken, um so vielleicht nach einem höheren zu fragen. Zudem können wir für ihn beten.

Letztlich haben wir aber trotz allem Misstrauen, das wir erlebt haben, durch eine innere Versöhnung die Möglichkeit, wieder mehr zu dem Urvertrauen in uns selbst zurück zu finden, das oftmals umso verschütteter und nicht mehr spürbar ist, je mehr wir aufgrund von enttäuschten Beziehungen dem Leben und uns selbst misstrauen.

So tun wir einen guten Dienst, wenn wir Sterbende auf ihrem Lebensweg, sich mit anderen zu versöhnen, unterstützen. Entscheidend ist, dass wir uns nicht von enttäuschten Beziehungen leiten lassen und uns damit von Menschen abhängig und zu ihrem Opfer machen, zumal sie uns ohnehin verlassen werden und uns nur für eine bestimmte Zeit anvertraut sind. Vertrauen wir hingegen dem, was wirklichen Bestand hat, einer absoluten göttlichen Liebe, die unvergänglich ist, dann sind wir immer auf der sicheren Seite, gerade wenn wir eine Angst vor dem Nichts spüren, die wir vielleicht schon in unserer Kindheit gespürt haben. Wichtig ist auch, dass Betroffene und das medizinische Personal darauf achten, dass die Angst eines Sterbenden sein Vertrauen nicht so übersteigt, dass er zu sehr davon vereinnahmt wird. Denn wer Angst hat, hält nicht nur fest, sodass ihm ein notwendiges Loslassen umso schwerer fällt. Hier helfen beispielsweise zärtliche Streicheleinheiten.

In Phasen der Angst können verstärkt ungute Geister aus der Kindheit in dem Betroffenen aufsteigen, Bilder, die er schon als Kind von Erwachsenen verinnerlicht hat, die ihn als Kind ausgebeutet, missbraucht und verletzt haben. Deswegen braucht es hier sehr einfühlsam und speziell geschulte Begleiter, die die Symbolsprache dieser geistigen Erlebnisse verstehen. Spürt eine Sterbende oder ein Sterbender große Angst im Sterben, dann können wir ihn auch ermutigen, über seine Angst zu sprechen und ihn an die Hand nehmen, wenn wir spüren, dass er immer unruhiger wird und sich in seiner Angst immer mehr verschließt.

Letztlich verrichten Menschen, die einen Sterbenden begleiten, einen sehr wertvollen und ehrenvollen Dienst. Sie gehören zu den wahren Helden in diesem Leben, weil sie ihr Vertrauen anbieten, das offene und ehrliche Gespräch suchen, gerade in einer Zeit, in der wieder mehr Misstrauen und Populismus um sich greift, weil sich wieder narzisstische Führer zeigen, die mit ihren Lügen als Vorbilder eine Lieblosigkeit aufzeigen, mit der sie die Menschen noch mehr verunsichern, als sie es in einer zunehmend unsicheren Zeit mit komplexen Problemen ohnehin schon sind. Während es ein Zuviel an Vertrauen erst gar nicht geben kann, ist vielen ein Zuwenig an Vertrauen sehr vertraut.

So ist es wichtig, dass wir als Gesellschaft auch einmal mehr die Augen zum Thema »Pflege« öffnen und genauer hinschauen. Und dass wir uns dabei bewusstmachen, was wir uns selbst einmal in einer Zeit als zu Pflegende oder zu Pflegender wünschen. Hören wir also auf, das Thema zu verdrängen, weil wir in einer Gesellschaft leben, in der der Tod, die Trauer, der Schmerz und das Älterwerden so gerne verdrängt wird. Und bilden wir uns nicht ein, dass dieses Thema weit von uns weg sei. Nein, wir können noch heute selbst so körperlich oder geistig eingeschränkt werden, dass wir zutiefst abhängig von der Pflege durch andere werden. Deswegen ist es so wichtig, dass wir genug Pflegepersonal haben, dieses entsprechend honorieren, damit die zu Pflegenden eine würdevolle Pflege erleben. Ich denke, dass sind wir uns alle schuldig, auch wenn sich eine gewisse Liebe zu unseren Mitmenschen nicht einfordern lässt. Dies kann uns aber auch bewusster werden, wenn wir uns einmal klarmachen, dass wir bereits zu Beginn unseres Lebens in der Regel viel Fürsorge und Pflege erhalten haben.

In Würde sterben

Sterbende mit Zuneigung würdigen

Erwarten wir mit Liebe ein Kind, dann bereiten wir uns auf seine Ankunft vor und versuchen ihm von Anfang an ein würdiges Leben zu ermöglichen und ihm seine Grundbedürfnisse zu erfüllen. Wird uns aber bekannt, dass ein alter Mensch sterben muss, sind wir oftmals mit der Situation überfordert, weil wir uns zu wenig mit dem Thema auseinandergesetzt haben. Deswegen ist es so wichtig, dass wir uns dem Thema stellen und uns bewusstmachen, dass Vertrauen durch Vertrautheit wächst. Verdrängen wir aber das Thema »Sterben«, dann leiden in erster Linie die Sterbenden selbst darunter. Sicher gibt es mittlerweile ein größeres Netz an Hospizen, in denen Sterbende einen würdigen Abschied erleben können und ihre Schmerzen gelindert werden, aber leider noch immer nicht genug. Letztlich hat ein jeder Mensch in seinem Leiden und Sterben ein gewisses Maß an Mitgefühl verdient. Brauchen sie doch einen Menschen, der ihnen in ihrem Zurückgeworfensein auf sich selbst zuhört und der ihnen die Hand hält, wenn sie innerlich unruhig sind und dabei oftmals auch auf Begegnungen stoßen, die ihnen eine solche Angst machen, dass sie eine Ermutigung bei ihrem Weitergehen brauchen.

Dies aber war gerade in der Pandemie vielen alten Menschen nicht möglich, sodass sie völlig vereinsamt ihren letzten Weg antreten mussten. Wir können ihnen gedenken, indem wir ein Licht für sie entzünden und ein Gebet für sie sprechen. Zudem sollten wir uns die Frage stellen, wie wir in Zukunft mit solch einer Situation noch besser umgehen können. Eine Frage, die wir nicht aufschieben sollten und auch auf der politischen Ebene behandelt werden muss.

Letztlich handeln wir klug und mitmenschlich, wenn wir Sterbenden in ihrem Sterbeprozess das ermöglichen, was wir uns im Sterben selbst von anderen wünschen.

Menschen, die Sterbende ehrenamtlich begleiten, haben mehr gesellschaftliche Anerkennung verdient. Wir würdigen sie, indem wir ihnen zumindest zu verstehen geben, wie sehr wir ihr Engagement schätzen und sie demzufolge auch in den Medien noch mehr Anerkennung finden. Geburts- und Sterbehelfer nehmen eine zentrale Rolle in unserem Leben ein.

Liebe und Würde im Sterbeprozess

Menschen, die in der Praxis Sterbende begleiten, berichten immer wieder davon, wie die Betroffenen, die eben noch sterben wollten, kurze Zeit danach wieder ein Lächeln gezeigt haben, mit dem niemand gerechnet hat. Dies lässt darauf schließen, dass der Verlauf eines Sterbeprozesses ein individuelles und somit von den Umstehenden nicht vorhersehbares Ereignis ist, sodass wir nicht wissen können, wann der Zeitpunkt gekommen ist, an dem ein Mensch sterben sollte oder auch zum Sterben bereit ist. Umso mehr ist es meiner Meinung nach wichtig, dass wir alles dafür tun sollten, um Menschen in ihrem Sterbeprozess eine würdevolle seelische und schmerztherapeutische Hilfe zu ermöglichen und ihnen ein selbstbestimmtes Sterben zu ermöglichen. Dass Menschen im letzten Selbst über den Zeitpunkt bestimmen, in dem sie sterben, zeigt doch, dass wir kein Recht haben, über ihren Todeszeitpunkt zu bestimmen. So hörte ich erst kürzlich einen Beitrag, in dem ein Mann nach 60 Jahren Ehe verstarb und seine Frau fünf Tage später ihr Leben auf dieser Erde verließ. Helfen wir aber anderen bei ihrer Selbsttötung, wie dies beispielsweise in Holland üblich ist, und beschleunigen wir diese Prozesse immer mehr, dann müssen wir damit rechnen, dass wir damit die Schwelle, an der Menschen unter der Akzeptanz der Öffentlichkeit sterben möchten, immer weiter heruntersetzen. Umso wichtiger ist es, dass wir schwerkranke Menschen liebevoll begleiten und ihnen ein Fachpersonal zur Seite stellen, welches sie auf der körperlichen und seelischen Ebene so gut wie möglich begleiten kann. Entscheiden wir aber bei schwererkrankten Menschen ohne ihre willentliche Zustimmung, wann sie ihr Leben zu beenden haben, dann setzen wir uns an die Stelle Gottes, wohl wissend, dass wir auch schon im Geburtsprozess Zustände erleben können, bei denen auf der tiefen psychologischen Ebene des Neugeborenen niemand einen wirklichen Einfluss hat.

Oftmals müssen wir erst selbst schwerkrank sein, um uns zumindest etwas in die Ängste und Schwingungen eines schwerkranken Menschen einfühlen zu können. Wichtig ist auf jeden Fall, dass wir die Betroffenen würdevoll und liebevoll begleiten. Ist dies nicht möglich, dann können wir zumindest für sie beten und gegebenenfalls eine Trauerfeier filmen, um die Verbliebene auf diese Weise etwas zu trösten. Schwerkranke Menschen, die sich von der Gesellschaft nicht mehr gebraucht fühlen, werden sich gerade dann schneller vom Leben verabschieden möchten, wenn ihnen ihr Umfeld vermittelt, dass sie ihnen überflüssig erscheinen. Zeigen wir ihnen aber die Würde und die Liebe, die sie in jedem Lebenszeitpunkt verdienen, dann bekommen sie auch etwas mehr Zuversicht, ruhig, selbstbestimmt und friedlich sterben zu können. Lassen wir aber unsere eigene Liebesfähigkeit gegenüber alten und schwerkranken Menschen erlöschen, auch weil wir unter einem gewissen Personalnotstand leiden, dann zeigen wir uns trotz allem gleichgültig oder bequem im Umgang mit schwerkranken Menschen. Dann behandeln wir sie wie eine Ware, die man wegwirft, wenn sie uns nicht mehr gebrauchsfähig erscheint.

Dabei ist doch die Würde des Menschen nach unserem Grundgesetz unantastbar. Umso wichtiger ist es aus meiner Sicht, dass wir achtsam und hilfsbereit mit alten schwerkranken Menschen umgehen und dass wir uns daran erinnern, dass wir an unserem eigenen Lebensende gewiss keine Lebenssekunde verschenken möchten, solange wir all die Liebe und die Medikamente erhalten, die uns ein friedliches Ende ermöglichen. Jedenfalls berichten Sterbende in der Praxis immer wieder davon.

Den Tod in das Leben integrieren

Je älter wir werden, desto bewusster wird uns, wie begrenzt doch unser Leben ist. Drehen wir uns aber dann zu sehr auf ängstliche Weise um das Thema »Sterben«, dann können wir so deprimiert werden, dass wir nicht mehr in der Lage sind, entspannt im Augenblick zu leben und unser Leben zu genießen. Wichtig ist, dass wir den Tod in unser Leben integrieren, ihm aber nicht ständig wie ein Kaninchen vor der Schlange ängstlich ins Auge sehen. Mozart beispielsweise ging davon aus, dass der Tod unser Freund ist und Martin Luther bezog sich in schwierigen Tagen darauf, dass er getauft und dadurch von Gott angenommen ist. Gehen wir aber dem Thema »Sterben« bei jeder Gelegenheit aus dem Weg, dann müssen wir damit rechnen, dass uns unsere Angst vor dem Sterben, dann, wenn wir dem Sterben nicht mehr ausweichen können, umso mehr beschäftigen oder treffen wird.

Deswegen kann es uns nur guttun, wenn wir im Gespräch Gott und vertrauenswürdigen Menschen offen unsere Befürchtungen anvertrauen, damit wir uns zumindest etwas von dieser Angst distanzieren können. Integrieren wir Gott, unsere wahre Heimat nach diesem Leben, täglich in unser Leben, sei es in einem Mittagsgottesdienst wie in der Pandemie über das Fernsehen, um hier nur ein Beispiel zu nennen, dann fühlen wir uns auch näher bei Gott und spüren eine Heimat, die uns umso diffuser erscheinen kann, je mehr wir dem Sterben ängstlich aus dem Weg gehen. Sterben aber müssen wir alle und es geht auch nicht darum, dass Thema zu einem Lieblingsthema hochzustilisieren, sondern darum, dass wir den eigenen unweigerlichen Tod nicht abspalten und gelassener damit umgehen. So können wir sagen: Ja, Herr, meine Zeit auf dieser Welt ist begrenzt. Und wenn ich heute sterben soll, dann ist es so, dann kann ich es nicht ändern, zumal du mich dann mit all deiner Liebe trösten und mir alle Tränen abwischen wirst (Offb 21,4). Gelingt es uns also, den Tod in unser Leben zu integrieren und so gut wie möglich im Augenblick zu leben und diesen auch noch zu genießen, dann können wir dies erfahren, indem wir beispielsweise Erinnerungsfotos aus früheren Tagen anschauen. Fotos, auf denen wir erkennen, dass geliebte Menschen vor uns diese Welt verlassen haben und dass wir auch über den Tod hinaus mit ihnen verbunden bleiben, weil die Liebe in unserem Herzen unsterblich ist. Menschen, die an ein ewiges Leben glauben, vermögen gar ihren eigenen Sterbetag als ein Hochzeitstag mit Gott anzusehen.

Mozart war überzeugt davon, dass sich im Tod etwas Beruhigendes und Tröstendes findet. So schrieb er an seinen Vater Leopold folgende Zeilen: »Mon très cher père! Diesen Augenblick höre ich eine Nachricht, die mich sehr niederschlägt. Nun höre ich aber, dass Sie wirklich krank seien! Wie sehnlich ich einer tröstenden Nachricht von Ihnen selbst entgegensehe, brauche ich Ihnen doch wohl nicht zu sagen; und ich hoffe es auch gewiss – obwohl ich es mir zur Gewohnheit gemacht habe, mir immer in allen Dingen das Schlimmste vorzustellen – da der Tod (genau zu nehmen) der wahre Endzweck unseres Lebens ist, so habe ich mich seit ein paar Jahren mit diesem wahren, besten Freunde des Menschen so bekannt gemacht, dass sein Bild nicht allein nichts Schreckendes mehr für mich hat, sondern recht viel Beruhigendes und Tröstendes! [...] Sollten Sie aber wider alles Vermuten nicht besser sein, so bitte ich Sie, mir die reine Wahrheit zu schreiben, damit ich so geschwind als es menschenmöglich ist, in Ihren Armen sein kann; ich beschwöre Sie bei allem, was uns heilig ist.«

Mit einem bevorstehenden Tod umgehen

Werden wir mitten im Leben mit dem Tod konfrontiert, dann sollten wir einer Angst vor dem Tod nicht ausweichen, sondern uns mit ihr auseinandersetzen. Weichen wir ihr aber aus, dann verstärken wir sie nur, sodass sie uns in einer späteren Zeit, in einer ähnlichen Situation, umso heftiger vereinnahmen kann. Gelingt es uns, den Tod zu akzeptieren, ihn Schritt für Schritt in unser Leben zu integrieren, dann werden wir auch entspannter durch unser Leben gehen. Zumal der Tod nichts Schlimmes ist, sondern nur die negative Vorstellung von ihm, die wir uns selbst machen. Haben wir akzeptiert, dass unser Leben endlich ist, dann können wir in Ruhe überlegen, was wir in diesem Leben hinterlassen wollen und was unseren Angehörigen und Kindern in Erinnerung bleiben soll. So vermögen wir noch über den Tod hinaus in dieses Leben hinein zu wirken und sind damit auch in der Lage, Gutes zu tun. Sei es, indem wir Anekdoten auf ein Diktiergerät sprechen oder indem wir unseren Kindern ein Tagebuch oder bestimmte Botschaften hinterlassen, die wir auf einem Video aufnehmen können.

Glauben Sie an Gott, dann wird dies eine hilfreiche Stütze in Ihrem Sterbeprozess sein können, es sei denn, Sie sehen in Gott einen strengen und beängstigen Übervater, weil Sie in Ihrer Kindheit von Ihren Eltern unterdrückt und verängstigt wurden. Dann aber ist es umso wichtiger, dass Sie gegenüber einem liebenden Gott Ihr Gottesbild ändern, damit Sie auch eine gesunde Beziehung zu ihm aufnehmen können.

Schon vor der endgültig letzten Zeit kann auch ein Tier zu einer wertvollen Stütze in Ihrem eigenen Alterungsprozess, ja ein Schmerzmittel auf vier Pfoten für Sie sein. Erhalten Sie von Menschen keinen Besuch, von denen Sie aber ein Kommen erwarten haben, dann rechnen Sie damit, dass sie Sie vielleicht auch deswegen nicht besuchen, weil Sie Angst haben, Sie könnten Ihnen gegenüber etwas Falsches sagen. Lassen Sie sich also davon nicht zu sehr enttäuschen, auch wenn das Loslassen für niemanden leicht ist. Tun Sie sich unabhängig davon etwas Gutes und erfüllen Sie sich noch einen oder mehrere Herzenswünsche. Wichtig ist auch, dass Sie offen über Ihre eigene Angst vor dem Sterben sprechen, weil Sie sich gerade auf diese Weise von ihr distanzieren können. Zudem kann es hilfreich sein, wenn Sie sich schon vor Ihrem Sterben die existentiellen Fragen beantworten, warum Sie glauben, dass Sie auf dieser Welt sind, welchen Sinn Ihr Leben hat und was Sie bedauern. Und versuchen Sie sich so schnell wie möglich zu versöhnen, weil der Tod jederzeit kommen kann und Sie so Ihr Leben besser loslassen und inneren Frieden finden können. Mit Hilfe der Palliativmedizin können Sie bis auf wenige Ausnahmen in der Regel ohne Schmerzen auf Ihren Sterbeprozess zugehen. Bleiben Sie in diesem ganzen Prozess einfach wahrhaftig. Seit 2007 steht jedem von uns eine qualifizierte häusliche Palliativversorgung gesetzlich zu. Sehen Sie den Tod als etwas Natürliches an. Der Tod ist nichts Schreckliches, nur die Vorstellung von ihm. In körperlicher Hinsicht sollten Sie sich vor Augen halten, dass nur sehr wenige Menschen an Luftnot sterben, falls das eine Ihrer Ängste ist. Vergessen sollten wir in diesem Zusammenhang nicht die seelischen Schmerzen, die wir körperlich erfahren können, weil wir zum Beispiel ausgegrenzt werden. Kennen wir dies doch sehr gut vom Liebeskummer, der uns auf den Magen schlagen und lähmen und anderes bewirken kann. Schmerzen entstehen zunächst einmal im Kopf.

Stellen Sie sich nur einmal vor, Sie hätten nur noch 24 Stunden zu leben. Was denken und fühlen Sie? Wem möchten Sie noch etwas mitteilen, einen wertschätzenden Brief schreiben, was Sie an sich selbst mögen und was andere an Ihnen vermissen werden? Durch diese Gedächtnisübung können wir emotional so berührt werden, dass wir auch emotional mit denen umgehen können, die uns schon vorher verlassen.

Sprechen Sie ruhig darüber, was gut oder schlecht war und was Sie noch erledigen möchten. Sprechen Sie ruhig die eigene Hilflosigkeit aus, unabhängig davon, ob Sie eine Strebende oder einen Sterbenden besuchen oder Sie selbst im Sterben liegen. Sprechen Sie über Ihre Angst vor möglichen Schmerzen, von Luftnot und körperlichem Leid. Sprechen ist gerade in einer digitalen Zeit, in der wir die anderen wenig anschauen, spüren und hören, wichtig. Wir reden über zukünftige Katastrophen, über unseren eigenen Tod aber sprechen wir nicht. Was uns nichts kostet und uns auch nicht anstrengt, sind die guten Taten, mit den wir über unseren Tod hinaus in dieses Leben hineinwirken können.

Bestattungswunsch

Weil niemand von uns wissen kann, wann er sterben wird, macht es Sinn, so früh wie möglich all die Fragen zu klären, die sich auf unsere eigene Bestattung beziehen. Dennoch verdrängen wir das Thema gerne, auch weil uns unser Leben und unsere Lieben sehr an unserem Herzen liegen und wir solange wie möglich mit ihnen zusammenbleiben möchten. So fällt es uns immer wieder schwer, zu akzeptieren, dass der Tod zum Leben gehört. Insbesondere dann, wenn wir noch viele Träume haben, die wir so gerne umsetzen möchten. Doch der Tod nimmt auf unsere Wünsche keine Rücksicht, sodass wir klug handeln, wenn wir ihn akzeptieren. Machen wir uns also mit dem Thema vertraut und treffen wir Regelungen, die auch unsere Angehörigen entlasten. Ist es doch gerade in traurigen Anlässen so schwierig, sich zu sammeln und die Kraft aufzubringen, Entscheidungen zu treffen, die wir schon vorher treffen könnten. So entlasten wir letztlich unsere Angehörigen, wenn wir frühzeitig Vorsorge treffen und ihnen mitteilen, wie wir einmal beigesetzt werden und dies auch finanziell regeln wollen oder können. Dies ist auch deswegen wichtig, damit es nicht zu unnötigen Konflikten zwischen den Kindern kommt und sie bereits vor Ihrem Tod wissen, was sie bei Ihrem Ableben tun sollten. Zudem sollten wir uns bewusstmachen, dass wir in unserem Sterbeprozess auf unvorhersehbare Begegnungen und Ereignisse stoßen können und deshalb Menschen an unserer Seite brauchen, die uns bei aufkommenden Blockaden in unserem eigenen Sterbeprozess ermutigen weiterzugehen. Dann, wenn wir innerlich stehen bleiben und dies der betroffenen Person, die uns begleitet, signalisieren. Sprechen Sie also frühzeitig mit Menschen, die Ihnen nahestehen und sagen Sie Ihnen, wie Sie sich Ihre eigene Bestattung vorstellen und wer über Ihr Ableben informiert werden soll. Treffen Sie auch frühzeitig alle notwendigen schriftlichen Vorsorgemaßnahmen im Sinne einer Patientenverfügung und Vorsorgevollmacht, damit es keine Missverständnisse, Eifersüchteleien und Konflikte unter den Angehörigen gibt. Wir alle handeln klug und mitmenschlich, wenn wir Sterbenden das ermöglichen, was wir uns im Sterben selbst von anderen wünschen.

Anmerkung:

Menschen, die Sterbende ehrenamtlich begleiten, haben mehr gesellschaftliche Anerkennung verdient. Wir sollten sie noch mehr würdigen und ihnen zu verstehen geben, wie sehr wir ihr Engagement schätzen. Verhalten sie sich doch oftmals wie Engel, die im Verborgenen Gutes tun.

Auf das eigene Sterben einstellen

In höherem Alter werden wir im spürbaren Verlust der eigenen Kraft und den Tod einstiger Weggefährten in der Regel automatisch mehr mit dem Thema »Sterben« konfrontiert als in jungen Jahren. Meine Großmutter und meine Mutter, beide leiderprobt, liebevoll christlich gesinnte Menschen, haben vor meinen Augen ihr Leben ausgehaucht und mir aufgezeigt, wie Sterben geht. In der Erinnerung an ihren Tod habe ich mich beim Verfassen des Manuskriptes gefragt, wie ich und Sie einmal von Ihren Angehörigen oder anderen Menschen nach Ihrem Sterben gefunden werden möchten. Welchen letzten Eindruck also würden Sie gerne bei Ihren Bezugspersonen oder anderen Menschen hinterlassen, wenn sie Sie einmal tot finden werden? Eine Tatsache, die wir vielleicht etwas verdrängen können, aber mit Sicherheit so eintreten wird. Sicher haben Sie auf Ihren eigenen Sterbeprozess nur wenig Einfluss. Dennoch können Sie Gott um ein erträgliches versöhntes Ende auf dieser Erde bitten und ihm Ihre Wünsche äußern. Sprechen Sie mit ihm, er wird Sie hören, weil er Sie liebt. Sie sind sein Kind. Ihre letzte Bitte wird er gewiss nicht überhören. Sprechen Sie im Geist mit einem liebenden Geist, der selbst Geist ist. Verlassen Sie sich im Vertrauen auf ihn, wenn Sie sich selbst verlassen. Heute, hier und jetzt, in jedem Augenblick, so oft es Ihnen möglich ist. Er hört Ihnen zu und er sendet Ihnen ein Licht, wenn Sie die Kraft zu verlassen scheint. Sprechen Sie mit einem Gott, der war, bevor Sie waren. Wichtig ist nur, dass wir uns nicht in eine Angst vor dem Sterben hineinsteigern, sondern gelassen mit diesem Prozess umgehen, damit wir nicht sterben, bevor wir sterben, weil wir in der Angst vor dem Loslassen aufhören zu leben.

Es ist wichtig, dass wir das Älterwerden annehmen, damit wir nicht griesgrämig oder bitter werden. Dass wir unseren Willen nicht mehr so umsetzen können wie früher und uns sagen, dass wir etwas wert sind, auch wenn wir nichts mehr leisten. Dass wir in unserem Älterwerden auf den Ältesten, den Ewigen Unendlichen zugehen. Und uns täglich etwas vornehmen, indem wir zum Beispiel für andere beten. So gibt es auch im Alter immer etwas zu tun. Und beten ist eine echte Liebesleistung.

Letzter Wille

Wenn ich gestorben bin, möchte ich nicht, dass ihr um mich weint, denn ich liebe euch und ich möchte euch nicht leiden sehen.
Wenn ich gestorben bin, wünsche ich euch nur das Beste, sodass ich mich freue, wenn ihr ein glückliches Leben führt.
Wenn ich gestorben bin, werde ich auf euch warten, weil meine Liebe unsterblich ist und mein Herz euch nicht vergessen kann.
Existiert doch gerade in der Liebe eine verbindende unsterbliche Kraft, mit der wir uns alle an der Hand halten und unsere Trauer um unsere geliebten verstorbenen Menschen überwinden können.
So wünsche ich euch nach meinem Tod, meine Lieben, dass ihr euch liebt, wird euch doch allein in der Liebe das wirklich Notwendige zum Leben gegeben werden.

Würdevoller Umgang zwischen Arzt und Patient im Alter

Ein Facharzt, der die Leib-Seele-Geist-Einheit eines Patienten in der Diagnosestellung nicht berücksichtigt und ihn nicht nach seinem seelischen Zustand befragt, kann kein guter Arzt sein. Wird doch ein chronisch kranker Mensch nicht allein dadurch geheilt, dass wir ihm chemische Substanzen verschreiben und ihn daraufhin kühl wie eine Nummer abfertigen. Vielen Pflegekräften und Ärzten fehlt auch aufgrund des Kostendrucks im Gesundheitswesen der Raum für Empathie, sodass sie in einem System, in dem sie selbst schnell, effizient und zügig arbeiten müssen, auch mit sich selbst und ihrer Art, wie sie arbeiten, unzufrieden werden oder gar ihren Arbeitsplatz mit einem schlechten Gewissen verlassen. Zudem verschließt die Gesellschaft zu dem Thema, wie eine gesunde Beziehung zwischen Arzt und Patient aussehen könnte, die Augen, nach dem Motto, solange es mich nicht trifft, berührt mich dieses Thema auch nicht. Zwar versucht die Politik Versorgungslücken und lange Wartezeiten immer wieder mit halbherzigen Maßnahmen wie Einsparungen und Stellenabbau zu lösen, wo dies aber hinführt, erkennen wir gerade jetzt in der Corona-Pandemie. Betritt man heute, und sicher gibt es hier Ausnahmen, ein Alten- oder Pflegeheim oder eine Intensivstation, dann sollte man dort nicht viel Empathie erwarten, weil das Personal unter Personalmangel und Zeitdruck leidet. Dazu kommt, dass das Pflegepersonal, das aufgrund einer hohen Arbeitsbelastung immer ausgebrannter ist, den Kranken oder Sterbenden immer weniger beistehen kann und diesem auch noch aufgrund ihres eigenen Stresses durch die Blume zu verstehen gibt, dass der Patient ihnen auch schnell zur Last fallen könnte. Gründe also, bei denen wir uns nicht wundern sollten, dass gerade nach der Corona-Pandemie immer mehr Pflegekräfte daran denken, ihren Job aufzugeben. Letztlich sollten wir alle uns fragen, warum wir eigentlich mit unseren Nächsten und uns selbst so umgehen und warum wir ein Gesundheitssystem aufrechterhalten, in dem weniger mitfühlend im Sinne des Patienten gedacht wird. Norwegen hat sich diesbezüglich sehr weiterentwickelt. Brauchen doch gerade kranke Menschen eine Herzlichkeit, wie wir sie in einem zunehmend digitalisierten Alltag mit immer weniger fühlbarer Nähe oftmals nicht mehr finden. Da aber zusätzlich die Einsamkeit in der Gesellschaft zunimmt, sollten sich dies alle Parteien in der Gestaltung der Gesundheitspolitik zu Herzen nehmen und für eine möglichst gute Versorgung der Patienten sorgen.

Haben kranke Menschen in Pflegeeinrichtungen den Eindruck, dass sie von Menschen wie Maschinen behandelt werden, dann können sie noch kränker werden, als sie es ohnehin schon sind, einfach, weil sie sich dann unwürdig behandelt fühlen und das Gefühl bekommen, dass sie in unserer Wegwerfgesellschaft schnell unbrauchbar werden und nichts mehr wert sind.

Dabei brauchen doch gerade Kranke und Sterbende Trost und Anteilnahme. Leider wird uns oftmals erst dann, wenn wir selbst auf der Intensivstation wach werden, bewusst, wonach wir uns im Tiefsten unseres Inneren doch alle sehnen. Nämlich nach einem Leben, in dem wir als zerbrechliche Wesen den Trost erhalten, den wir in Zeiten von Krankheit und Not so dringen brauchen. Wir aber scheinen in unserem eigenen Verdrängungsmechanismus mittlerweile immer blinder zu werden, um diese Wahrheit auch an- und wahrzunehmen.

Würdig, angst- und schmerzfrei zu Hause sterben

Grundsätzlich brauchen wir keine Angst vor dem Sterben zu haben. Von Bedeutung ist aber, wie wir unseren Weg dorthin gehen und ob wir die Hilfe erhalten, die wir brauchen, um würdig, schmerz- und angstfrei hinübergehen zu können. Hilfreich in diesem Zusammenhang ist, dass der Gesetzgeber mit Wirkung zum 1. April 2007 als individuellen Leistungsanspruch die Spezialisierte Ambulante Palliativversorgung (SAPV) in das Sozialgesetzbuch V aufgenommen hat. Seitdem hat jede Versicherte und jeder Versicherter in Deutschland das Recht auf diese neue Versorgungsform, die zum Ziel hat, auch solchen Patientinnen und Patienten eine Versorgung und Betreuung zu gewährleisten, die einen besonders aufwändigen Betreuungsbedarf haben. Damit wurde vom Gesetzgeber die Chance für den Ausbau und die Verbesserung der ambulanten Versorgung eröffnet. Mittlerweile stehen fast überall in Deutschland SAPV-Teams zur Verfügung, sowohl für Erwachsene als auch für Kinder und Jugendliche, sodass die betroffenen Patienten eine bessere Möglichkeit haben, zu Hause in ihrer gewohnten Umgebung zu sterben. Unabhängig davon ist es wichtig, dass wir darauf achten, dass schwerkranke Menschen nicht vereinsamen und ausreichend Besuch von Angehörigen oder ehrenamtlichen Helfern und Helferinnen erhalten, damit sich ihre Lebenszeit aufgrund ihrer Einsamkeit nicht zusätzlich verkürzt.

Umgang mit alten Menschen in unserer Gesellschaft

Gerade, weil am Anfang eines bis heute bewährten Grundgesetzes, in das auch christliches Gedankengut eingeflossen ist, auf die unantastbare Würde des Menschen hingewiesen wird, sollten wir diese Grundsätze insbesondere im Umgang mit alten Menschen beherzigen und diese so gut wie möglich im Alltag umsetzen. Beispielsweise, indem wir uns alle daran erinnern, dass Mozart, Michelangelo, christliche Feiertage und Parteien nach wie vor ein Spiegel christlichen Bewusstseins sind und dass es im Grunde vor unserem Streben nach Konsum und Erfolg in erster Linie darum geht, einen mitmenschlichen und würdevollen Umgang untereinander zu leben, damit wir ein gegenseitiges Vertrauen aufbauen, mit dem wir auch den sozialen Zusammenhalt in der Gesellschaft stärken. Lassen wir aber zu, dass das Misstrauen in unserer Gesellschaft steigt, auch weil wir ältere Menschen ausgrenzen oder abschieben, dann müssen wir auch mit einer steigenden Entfremdung und psychischen Erkrankungen in der Gesellschaft rechnen. So weist auch die Deutsche Angestellten Krankenkasse (DAK) in Deutschland am 16. September 2020[18] darauf hin, dass sich die Zahl der psychisch Erkrankten, die unter Ängsten, Depressionen und Belastungsstörungen leiden, seit 1997 verdreifacht hat. Wollen wir Einsamkeit aber gerade im Alter vermeiden und persönlich etwas dagegen tun, dann ist es wichtig, dass wir uns so früh wie möglich ein Kontakt-

18 https://www.aerzteblatt.de/nachrichten/116539

netz aufbauen, damit wir gerade in schwierigen Zeiten wie in der Pandemie vor zu viel Isolation geschützt sind. Die indigenen Völker Amerikas, um hier ein Beispiel zu nennen, gingen sehr integrativ mit ihren alten Menschen um. Sie verehrten alte Menschen wegen ihrer Lebenserfahrung, sodass es in einem Stamm auch immer einen Ältestenrat gab. Er setzte sich aus alten und weisen Männern, tapferen Kriegern, aber auch angesehenen Frauen zusammen. Dieser Ältestenrat war wichtiger als der Häuptling – er hatte das Sagen, während der Häuptling nur die Anordnungen weitergab, die der Rat zuvor getroffen hatte. Der Ältestenrat leitete das Dorf oder das Lager – er traf die Mehrzahl der Entscheidungen.

Aus meiner Sicht ist es weiterhin wichtig, dass jeder Einzelne in unserer Gesellschaft so liebevoll wie möglich mit sich umgehen sollte, weil wir nur so in der Lage sind, ein Mitgefühl für unsere Nächsten oder alte Menschen zu zeigen. Gehen wir aber unbarmherzig mit uns um, wie wollen wir dann ein Mitgefühl für andere entwickeln? Die Bibel jedenfalls weist uns in Numeri 19,32 auf Folgendes hin: »Vor einem grauen Haupt sollst du aufstehen und die Alten ehren und sollst dich fürchten vor deinem Gott; ich bin der Herr.« Ältere Menschen sollten wegen ihrer Erfahrung geschätzt werden. Die Bibel sagt in Sprüche 20,29: »Der Jünglinge Ehre ist ihre Stärke und graues Haar ist der Alten Schmuck.«

Eine Gesellschaft ...
die das Alter nicht erträgt ...
wird an ihrem Egoismus zugrunde gehen.

(Willy Brandt)

Meine berührende Erfahrung mit einem älteren Menschen

Auf einem Seminar fiel mir gleich zu Beginn eine ältere Frau auf. Sie schien um die 80 Jahre alt zu sein, hatte weiße Haare, ging beschwerlich und lächelte bereits, als sie den Kursraum betrat. Ihre Ausstrahlung erschien mir sehr authentisch, sodass ich sie nach Ende des ca. achtwöchigen Kurses fragte, ob sie nicht gemeinsam mit mir einen Hauskreis gründen wolle. Sie war sofort dazu bereit, sodass wir uns im Laufe der Zeit mehr und mehr kennenlernten und sie völlig unbeabsichtigt irgendwann, ohne dass ich dies ahnte, zu einer Ersatzmutter für mich wurde. Ihre Haltung und Einstellung gegenüber Gott, ihrem Leben und ihren Mitmenschen bewundere ich bis heute, weil sie trotz bedrohlicher Erfahrungen im 2. Weltkrieg, dem Tod ihres Mannes und ihrer damals 50-jährigen Tochter, körperlicher Belastungen (starke Migräne, rheumatischer Schmerzen, Ohrgeräusche, ausgeprägter Sehschwäche und anderen Krankheiten im Geiste) fröhlich lächelte. Grund hierfür war ihr erfülltes Glaubensleben, der tägliche Besuch des Gottesdienstes und die täglichen Gebetszeiten, in denen sie sich, wie sie sagte, auch in ihren Ölbergstunden getragen fühlte. Schließlich wurde sie auch zu der Person, die meine geliebte Mutter kurz vor ihrem Tod kennenlernen wollte und sie auf eindrucksvolle Weise in ihrem Sterbeprozess tröstete, an ihrer Beerdigung teilnahm und eine Grabrede hielt, was mir unvergessen geblieben ist. Ja, sie erschien mir manchmal wie ein Engel, den ich auch aus einer inneren Dankbarkeit heraus immer wieder anrief, besuchte und wohl hoffentlich noch lange besuchen darf, nachdem sie mittlerweile die 90 Jahre überschritten hat. Ja, sie war diejenige, die aus meiner Sicht auch die Aussage von Nietzsche widerlegte, dass die Christen so unerlöst aussähen. Nahm sie doch ihr Leiden und ihre Schmerzen immer wieder aus Gottes Hand, ganz in der Überzeugung, dass dann, wenn der Weinstock (Christus) leide, auch seine Nachfolger, die Reben, leiden müssten. So wurde sie in meinem Leben zu einem überzeugenden Vorbild für mich, das mit seiner Ausstrahlung stets zu lächeln wusste und sich von keinem Schmerz und keinem noch so starken Ohrgeräusch ihre Heiterkeit abringen ließ, glaubte sie doch fest daran, dass Gott ihr in Christus das ewige Leben schenken würde. Sie war wie ein Abbild von meiner eigenen vor ca. 40 Jahren verstorbenen Großmutter, die ebenfalls Ehemann und einen 10-jährigen Sohn verloren hatte, sich trotz allem um Liebe mühte, Versöhnung suchte, eine einladende Haltung zeigte, für mich betete und mir eine Geborgenheit schenkte, ohne die ich aufgrund der damaligen Umstände nur schwer überlebt hätte. Und sicher motivierte auch sie mich zu einem gewissen Teil zumindest unbewusst dazu, dieses Buch zu schreiben. Ihr gebührt mein Dank! Heute denke ich, dass all die Gebete, die für mich gesprochen wurden, ein Grund dafür waren, dass ich in Notzeiten immer um einen Menschen wusste, an den ich mich wenden konnte, kam es mir doch so vor, als sei meine geliebte verstorbene Großmutter in einer anderen Persönlichkeit in einer anderen Weise erschienen.

Verstorbene würdigen

Nicht zuletzt, weil unser Geist unsterblich ist, haben wir allen Grund, verstorbene geliebte Menschen zu achten und sie würdig beizusetzen. Wir sollten sie im Nachhinein nicht unnötig für ihr früheres Verhalten verurteilen, das wir ihnen einmal vorgeworfen haben. Wir haben die Möglichkeit, Gebete für Verstorbene zu sprechen und Gottesdienste für sie zu halten. Begegnen wir ihnen aber trotz ihrem Tod in unserem Geist unverzeihlich, dann sollten wir uns im Nachhinein mit ihnen versöhnen. Dies wird uns umso besser gelingen, je mehr wir uns in sie einfühlen. Fühlen wir uns im Alter, aus welchem Grund auch immer, einsam, dann können wir mit verstorbenen geliebten Menschen auch im

Geist sprechen und sie bitten, sie mögen im Reich Gottes bei Gott für uns eintreten. Unabhängig davon können wir aber auch eine bestimmte Geisteshaltung einnehmen, wenn wir das Gefühl haben, innerlich in unserem Leben stehen zu bleiben und aufgrund innerer Ohnmacht nicht weiter zu kommen.

Auf die Einstellung kommt es an. Wir vermögen die Trauer um einen geliebten verlorenen Menschen gerade dann zu überwinden, wenn wir aus freiem Herzen dazu bereit sind, ihm und Gott für die Zeit zu danken, in der wir ihm begegnen durften.

Über den Tod hinaus

Weil ich dich auch über den Tod hinaus liebe,
werde ich in der Erinnerung an dich
immer wieder ein Licht für dich entzünden,
ein Foto von dir aufstellen und Blumen auf deine Grabesstätte legen.

Weil ich dich über den Tod hinaus liebe,
werde ich zunehmend dankbarer dafür,
dass ich dich als berührende Erinnerung
nach vor in meinem Herzen tragen darf,
schenkst du mir doch über deinen Tod hinaus eine Kraft,
die meine Trauer über deinen Verlust zunehmend überdeckt.

Bis wir uns im Himmel wiedersehen,
ist doch die Liebe das Einzige, was auf Dauer bleibt.

Schlussworte

Sollte es mir gelungen sein, Ihnen mit meinen Impulsen Anregungen zu geben, wie Sie sich besser auf Ihre letzte Lebenszeit einstellen, wie Sie Ängste verringern, Vorsorge betreiben und das Beste aus dem letzten Lebensabschnitt machen können, dann freut mich das sehr, zumal ich in meinem derzeitigen Alter auch für mich selbst einen Sinn gesehen habe, dieses Buch zu schreiben. Gerade bei wichtigen Themen wie dem Älterwerden, die wir gerne verdrängen, ist es wichtig, dass wir alle an einem Strang ziehen. Machen wir das Thema öffentlich, schaffen wir entsprechende verbesserte Rahmenbedingungen durch politisches Handeln, betreiben wir Vorsorge, stellen wir uns besser auf unsere letzte Lebenszeit ein, praktizieren wir Nachbarschaftshilfe, schaffen wir ein Kontaktnetz zwischen alten und jungen Menschen, dann gehen wir auch angemessen und sinnvoll mit dem Thema um. Zumal es eine Tatsache ist, dass Menschen trotz jahrzehntelanger Tätigkeit in einem so reichen Land wie Deutschland, in dem die Schere zwischen Arm und Reich immer weiter auseinandergegangen ist, in Mülltonnen nach Verwertbarem suchen, weil sie sonst kein würdevolles Leben bestreiten können. Zudem wird es uns allen guttun, wenn wir das Bewusstsein für einen würdevollen Umgang zwischen alten und jungen Menschen mehr schärfen, indem wir unseren Kindern vorleben, dass uns der Umgang mit unseren pflegebedürftigen Eltern oder anderen älteren hilfsbedürftigen

Menschen am Herzen liegt. Auch indem wir unseren Eltern eine Dankbarkeit für die Opfer zeigen, die sie in der Begleitung gegenüber uns selbst erbracht haben. Zudem sollten wir auch einen würdevollen Umgang mit uns selbst leben, damit wir auch unseren Mitmenschen die Würde erweisen können, die sie verdienen. Nehmen wir die Aussage aus dem Grundgesetz, dass die Würde des Menschen unantastbar ist, nicht mehr ernst, dann dürfen wir uns nicht wundern, wenn die Sprachkultur verroht und die Zahl der psychisch kranken und vereinsamten Menschen in der Gesellschaft steigt und somit ein bedrückendes Klima in den zwischenmenschlichen Beziehungen entsteht. Interessieren wir uns nicht für die Folgen, die durch Gewalt in unseren zwischenmenschlichen Beziehungen und die Ausgrenzung älterer Menschen entsteht, dann zeigen wir eine Ichbezogenheit, mit der wir den Zusammenhalt in der Gesellschaft insgesamt schwächen.

Letztlich kann jeder von uns die Beziehung zwischen alten und jüngeren Menschen verbessern, indem wir beispielsweise einen sehr betagten Nachbarn fragen, ob wir ihm bei einem Einkauf etwas mitbringen können. Oder indem wir dem Pflegepersonal, das sich um alte Menschen kümmert, nicht nur Applaus spenden, sondern Ihnen endlich den Lohn zugestehen, den sie bei ihrer aufopfernden Arbeit gerade in der Pandemie mehr als verdient haben. Und dass wir unser eigenes Leben möglichst frühzeitig nicht nur träumen, sondern unsere Träume auch so gut wie möglich leben, damit wir am Ende unseres Lebens nicht das Gefühl haben, dass wir an unserem Leben vorbeigelebt haben.

Betrachten wir also alte Menschen als geistige Wesen, die Würde und Respekt verdienen und nicht nur als konsumierende Kunden, dann werden wir sie auch nicht wie eine Ware aussortieren, die uns keinen Nutzen mehr bringt. Sicher gibt es gute Pflegeeinrichtungen, in denen sich das Personal viel Mühe gibt, und es wäre verantwortungslos, hier pauschal negativ zu urteilen. Dennoch ist es aus meiner Sicht wichtig, dass wir uns als Gesellschaft mehr mit den Missständen in Heimen konfrontieren, auch in dem Bewusstsein, dass viel zu viele Menschen viel zu früh und zu schnell sterben, weil niemand Zeit hat, nach ihnen zu sehen und sie menschenwürdig zu begleiten. Wichtig erscheint mir auch, darauf hinzuweisen, dass alte Menschen bei einem Umzug (einen alten Baum verpflanzt man nicht so gerne) von ihrem Wohnort in eine Pflegeeinrichtung oftmals seelische Schmerzen erleiden, die wir aber verträglicher gestalten können, indem wir uns bei ihnen fühlen und uns so verhalten, als müssten wir diesen Schritt selbst vollziehen. Und dass wir dies auch unseren Kindern vorleben, damit sie unser Verhalten nachahmen können, gerade in einer zunehmend individualisierten Gesellschaft, in der wir umso mehr aufeinander angewiesen sind. So mangelt es uns letztlich nicht nur an Klimaschutz, sondern auch an einem Seelenschutz, den jeder Einzelne in unserer Gesellschaft hinsichtlich seiner Würde so dringend braucht. Denn Einsamkeit macht Sterblichkeit. Wir sollten jeden Tag unser Möglichsten tun, dass wir als alte Menschen, als Familie und Kontaktpersonen von alten Menschen und als Teil der Gesamtgesellschaft die Einsamkeit vertreiben, um uns allen ein besseres Leben zu ermöglichen.

Das geht auch, indem wir uns bewusst machen, dass unabhängig von unserer Lebenssituation und unserem Alter alles gut werden wird, denn Gott ist die Liebe.

Über den Autor

Otmar Heftrich wurde im April 1955 geboren. Gemeinsam mit seiner Zwillingsschwester ist er in Elbtal aufgewachsen. Nach seinem Abschluss als Hochbauingenieur mit Schwerpunkt Architektur hat er sein Interesse an geistigen und psychologische Fragen entdeckt und eine Ausbildung als psychologischer Berater und Hospizhelfer absolviert. Während dieser Zeit hat er seine Liebe zum Schreiben entdeckt und seine Texte bei unterschiedlichen Zeitschriften und Verlagen veröffentlicht.

Ein jegliches hat seine Zeit,
und alles Vorhaben unter dem Himmel hat seine Stunde:
Geboren werden hat seine Zeit, sterben hat seine Zeit;
pflanzen hat seine Zeit,
ausreißen, was gepflanzt ist, hat seine Zeit;
töten hat seine Zeit, heilen hat seine Zeit;
abbrechen hat seine Zeit, bauen hat seine Zeit;
weinen hat seine Zeit, lachen hat seine Zeit;
klagen hat seine Zeit, tanzen hat seine Zeit;
Steine wegwerfen hat seine Zeit,
Steine sammeln hat seine Zeit;
herzen hat seine Zeit …

(Koh 3, Lutherbibel 2017)

Otmar Heftrich im Verlag Mainz

Otmar Heftrich

Gemeinsam alt werden

Wie eine Partnerschaft auf Dauer gelingen kann

Partnerschaften sind wie Dauerbaustellen: Tagtäglich sind wir zur Arbeit an ihnen aufgerufen. Sobald nämlich die ersten Verliebtheitsgefühle nachlassen und die berühmten »Schmetterlinge im Bauch« etwas langsamer flattern, schleichen sich Beziehungsprobleme ein, die uns nicht nur seelisch, sondern auch körperlich belasten können. Dies gilt auch und vor allem für langjährige, erfüllte Beziehungen, in denen man zusammen alt wird.

Wie man trotz aller Umwege, Enttäuschungen oder Verletzungen gemeinsam alt werden und eine innige, glückliche Partnerschaft führen kann, erklärt Otmar Heftrich, psychologischer Berater und Hospizhelfer, in zahlreichen aufmunternden und mutmachenden Episoden, Gedichten und Geschichten.

1. Auflage
178 Seiten
Paperback

ISBN: 978-3-86317-044-8
EUR 14,80 [D]
EUR 15,30 [A]

Otmar Heftrich im Verlag Mainz

Otmar Heftrich

Unser liebevoller Umgang im Alltag

Je schnelllebiger und konfliktreicher unsere moderne Gesellschaft wird, umso wichtiger ist es, dass wir uns auf zwischenmenschliche Begegnungen konzentrieren. Viele Probleme ließen sich schon lösen, wenn wir unsere Beziehungen mit mehr Liebe betrachten würden. Sei es die Liebe zu uns selbst, zu unseren Partnern, zwischen Eltern und Kind oder, allen voran, die Liebe von und zu Gott.

Dieses Buch gibt Hinweise, wie wir unseren Blick auf das Wesentliche lenken können, unabhängig von den Ereignissen, die gerade in der Welt geschehen. Es ist ein Hoffnungsmacher, wenn es mal schwierig ist, und ein Licht in der Dämmerung des Alltags, wenn wir den Fokus verloren haben für das, was zählt.

Otmar Heftrich, psychologischer Berater und Hospizhelfer, verbindet besinnliche Gedichte mit einfühlsamen Texten, um wieder ein wenig mehr Ordnung in das Chaos unserer Gedanken zu bringen.

1. Auflage
118 Seiten
Paperback

ISBN: 978-3-86317-054-7
EUR 14,80 [D]
EUR 15,30 [A]